Beate Hill

Mich zieht es nach Südafrika

SCM Hänssler

SCM

Stiftung Christliche Medien

FSC
www.fsc.org
MIX
Papier aus verantwortungsvollen Quellen
FSC® C006701

SCM Hänssler im SCM-Verlag GmbH & Co. KG ·
71088 Holzgerlingen
Internet: www.scm-haenssler.de;
E-Mail: info@scm-haenssler.de

Umschlaggestaltung: Jens Vogelsang, Aachen
Titelbild: istockphoto.com
Satz: typoscript GmbH, Walddorfhäslach
Druck und Bindung: CPI – Ebner & Spiegel, Ulm
Gedruckt in Deutschland
ISBN 978-3-7751-5353-9
Bestell-Nr. 395.353

Inhalt

Statt eines Vorworts

Vor vierundvierzig Jahren zog ich nach Südafrika – ein endgültiger Abschied, dachte ich damals. Aber es kam anders.

Meine Wurzeln liegen im Bergischen Land. Ich bin eine Kriegsausgabe – geboren 1943 in Wuppertal. Nach meinem Abitur in Schwelm/Westfalen studierte ich an der Pädagogischen Hochschule in Bonn.

Mein Leben lang nur in Deutschland bleiben? Nein, das wollte ich nie! Immer schon hatte ich den Zug in die Ferne. Und auch heute noch, mit über 68 Jahren, kenne ich kein Heimweh, eher Fernweh ... Zigeunerblut? Auf jeden Fall Abenteurerblut!

Mein Vater zog schon vor dem Ersten Weltkrieg als junger Mann nach Spanien und lebte später jahrelang in England. Reisen war für ihn der Höhepunkt – und sein Reisefieber habe ich sicher geerbt. Seit meinem siebten Lebensjahr hatte ich das Ziel vor Augen, eines Tages meinen geliebten Vetter Günter, der nach Südafrika ausgewandert war, zu besuchen. Das habe ich dann auch 1966, mit 23 Jahren, getan – und bin in diesem wunderschönen Land hängen geblieben.

Neue Heimat

1967 heiratete ich den Südafrikaner Robert Hill – nachdem ich mich Hals über Kopf in Land und Leute verliebt hatte. Robbies Eltern und teils auch die Großeltern sind schon im Land geboren. Meine Schwiegermutter stammte von den Hugenotten ab. Sie ist mit 92 Jahren gestorben und war nie in ihrem Leben in Europa. Der Schwiegervater, der 98 Jahre alt wurde, hatte irische Vorfahren und war einmal in seinem Leben in Irland zu Besuch.

Mein Mann, 1941 in Südafrika geboren, war 1967 zum ersten Mal in Europa. Es war ein Riesenerlebnis für ihn! Und auch ein ziemlicher Kulturschock.

Im Januar 1968 bestiegen mein frischgebackener Ehemann und ich den Frachter *Stellenbosch* in Antwerpen und wir landeten mit all meinem Sack und Pack in Kapstadt. Mein irdisches Hab und Gut bestand aus einem geerbten Klavier, einer Standuhr von einer mir unbekannten Großtante und fünfhundert deutschen Büchern und Noten. Außerdem meine Geige, die von einem Zigeuner stammen soll, und meine geliebten Blockflöten.

Seitdem lebe ich in Südafrika. Und das habe ich noch nie bereut. Im Gegenteil, ich bin ganz sicher, dass Gott mich hier haben und gebrauchen will.

Endgültiger Abschied?

Die Wurzeln habe ich wohl alle ohne Schaden in Deutschland herausgezogen und die Umpflanzerei ist mir gut bekommen. Meine Mutter hat uns in den Siebzigerjahren dreimal besucht und ihre ersten drei Enkel genossen. Dann flog ich 1974 zum ersten Mal wieder in die alte Heimat mit Kind Nummer drei auf dem Schoß und Kind Nummer vier im Bauch. Für mich lag meine Zukunft zweifellos in Südafrika. Als meine Mutter 1978 starb, dachte ich, dass ich nun für lange Zeit nicht mehr nach Deutschland kommen würde.

Mich zog eigentlich nichts mehr nach Europa. Ich war glücklich in der Familie, als Hausfrau und Mutter, nebenbei als Musiklehrerin, später fünf Jahre als Lehrerin an der deutschen Schule nahe Kapstadt.

Wir lebten an vielen verschiedenen Stellen im Land und auch fünf Jahre in Windhoek, Namibia. Dort besuchten unsere Kinder den deutschen Kindergarten und die älteste Tochter sogar die deutsche Schule. Zu Hause sprachen wir Deutsch, Afrikaans und Englisch, je nachdem wer gerade zu Besuch da war.

Wir hatten oft Besucher aus Deutschland. Außerdem stand ich weiter im Briefkontakt mit vielen Verwandten und Bekannten. Unsere beiden jüngsten Söhne bekamen sogar einen deutschen Pass, obwohl sie als Kinder kaum Deutsch sprechen konnten. 1986 reiste ich mit zwei unserer Kinder dann doch wieder nach Deutschland. Für die beiden (damals vierzehn und zwölf Jahre alt) war das sehr eindrucksvoll. Als wir an der Loreley vorbeifuhren, sangen sie aus voller Brust »Ich weiß nicht, was soll es bedeuten …« und fühlten sich sehr deutsch.

Europäische Zweige

Unsere sechs Kinder wurden flügge. Die älteste Tochter, inzwischen Lehrerin, lernte 1994 einen deutschen Touristen aus Hessen kennen. Und damit wurde alles anders! Denn sie heiratete diesen Deutschen und lebt mit ihm seit 1995 in Rotenburg an der Fulda. Seitdem bin ich fast jedes Jahr wieder in Deutschland zu Besuch und habe nun im schönen Waldhessen wieder ein paar Wurzeln geschlagen. Die deutschen Enkelkinder sind mir genauso vertraut wie die in Südafrika.

Unser zweitältester Sohn lebt seit mehr als zehn Jahren in Schottland, kommt aber jedes Jahr einmal zu Besuch. Und unsere in Deutschland lebende Tochter kommt mit Mann und den inzwischen drei Töchtern auch ganz treu jedes Jahr, meistens um die Weihnachtszeit. Der zweitjüngste Sohn hat in der Schweiz studiert und lebt nun mit seiner Schweizer Frau in Basel. Der Jüngste hat eine Stuttgarterin geheiratet und sie mit nach Südafrika gebracht. Wir sind inzwischen stolze Großeltern von fast elf Enkeln, von denen fünf deutschsprachig sind und fünf Afrikaans sprechen. Sie sehen sich jedes Jahr und spielen herrlich miteinander, auch über die Sprachgrenzen hinweg. Für Kinder scheint das kein Problem zu sein. Sie lernen voneinander.

Vor- und Nachteile

Ich werde oft gefragt, ob ich mich mehr als Deutsche oder als Südafrikanerin fühle. Das ist schwer zu sagen. Eigentlich war ich nie typisch deutsch und passe gut hier nach Südafrika. Andererseits fühle ich mich doch oft deutsch in Südafrika und wenn ich in Deutschland bin, merke ich, dass ich mich mehr als Südafrikanerin fühle. Jedes Land hat seine Vor- und Nachteile.

Da ich eine unverbesserliche Optimistin bin, versuche ich, mich an den jeweiligen Vorteilen zu erfreuen. Es gibt eben nicht das Vollkommene auf Erden. Südafrika hat das wunderbare Wetter. Hier an der Südküste, wo wir wohnen, herrscht ein recht mildes Klima, es gibt viel frische Meeresluft und Natur pur. Wir leben in einem Naturreservat mit all den verschiedenen einheimischen Pflanzen, direkt am Meer, wo die Wale uns vom Juni bis etwa November jedes Jahr besuchen – ebenso wie die sonnenhungrigen Touristen.

Außerdem haben wir hier liebe Nachbarn, Freunde, eine kleine lebendige Gemeinde. Es bieten sich viele Gelegenheiten zum Musizieren und Malen,

Schreiben und Fotografieren. Wir haben ein offenes Haus für Freunde und Fremde und ab und zu einen deutschen Bibelkreis. Dazu drei unserer sechs Kinder mit insgesamt sieben Enkeln in 100 beziehungsweise 450 Kilometern Entfernung. Und die lieben Geschwister meines Mannes und ihre Familien, mit denen wir uns bestens verstehen.

Ständig loslassen

Ob ich mir vorstellen könnte, wieder ganz in Deutschland zu leben? Zusammen mit meinem Robbie vielleicht, wenn es sein müsste! Die Winter sind mir zu lang und zu dunkel. Und die Menschen manchmal recht kompliziert und verwöhnt. Aber Deutschland hat natürlich auch viele Vorteile: stabilere politische Verhältnisse, viel weniger Kriminalität, bessere Altersversorgung, kulturell hat es viel zu bieten. Ich könnte natürlich lyrisch werden und über Leckerbissen reden – wie Maultaschen, Sauerkraut, Marzipanschokolade und all die leckeren Brötchen und Backwaren.

Aber unser treuer Gott versorgt uns auch hier immer gut und er ist ja derselbe in Deutschland und in Afrika. Er ist auch unsere beste Altersversorgung. Und bei ihm ist meine endgültige Heimat. Einer meiner Lieblingsverse ist der aus dem Hebräerbrief, der sagt, dass wir hier keine bleibende Stadt haben, sondern die zukünftige suchen. Der trifft für mich den Nagel auf den Kopf.

Ob das Hin und Her zwischen den zwei so unterschiedlichen Kontinenten mich nicht zerreißt? Nein, keinesfalls! Das Abschiednehmen und Ankommen, das Loslassen und das In-die-Arme-Schließen, das Wiedersehen und »Goodbye« – es gehört für mich zum Leben. Das möchte ich um nichts auf der Welt missen. Es ist für mich normal wie das Atmen. Wir kommen und gehen. Unsere Kinder kommen und gehen. Riesenfreude beim Wiedersehen, ein paar Tränen beim Abschied … Die Vorfreude auf das nächste Wiedersehen leuchtet schon am Horizont! Ich trage ein Armband, auf dem steht: »Endlich zu Hause!« und das bin ich dort, wo meine Freunde und Geschwister sind, wo ich Gemeinschaft mit Jesus Christus habe.

Weiter Horizont

Vielleicht ist bei mir durch das viele Hin und Her (wir haben in unseren vierundvierzig Ehejahren 14 Umzüge erlebt) auch die Freude auf die Ewigkeit größer? Das häufige Unterwegssein prägt einen Menschen. Ich bin anders als meine gleichaltrigen Freundinnen, die ihr Leben hier in Südafrika verbracht haben. Und anders als meine Cousinen und Freunde, die ihr Leben in Deutschland verbracht haben. Man bekommt sicherlich einen weiteren Horizont, eine freiere Sicht. Man hat aber auch viel mehr zu verarbeiten: So viele Eindrücke von Menschen, Begegnungen, Schicksalen, Gesprächen, Landschaften, Familienfeiern, dort und hier …

Am besten versteht das meine in Deutschland lebende Tochter, die ja in einer sehr ähnlichen Situation ist. Sie ist übrigens genauso stolz auf ihren südafrikanischen Pass, wie ich es auf meinen deutschen bin. Und wenn die Kinder abends im Bett sind, spielen wir zwei gerne gemütlich noch eine Runde Scrabble – in Afrikaans natürlich – mit einer guten deutschen Schokolade dazu, weil das einfach die beste Nervennahrung ist!

Schottland, hier kommen wir!

1964, kurz vor den Sommerferien. Ich hatte gerade mein 3. Semester an der Pädagogischen Hochschule in Bonn hinter mir. Da mein Vater im Februar gestorben war, wollte meine Mutter nirgendwohin in Urlaub fahren. Ich war kurz zuvor sehr sang- und klanglos 21 geworden und überlegte mir, was ich denn nun in den langen Sommerferien anfangen sollte oder wollte. Für ein paar Wochen hatte ich mich bereits zu Ferienarbeit beim Finanzamt verpflichtet. Den Rest der Ferien wollte ich irgendetwas unternehmen, einmal etwas ganz anderes machen. Ich packte gerade die letzten Essensvorräte aus der kleinen Küchenschrankabteilung der gemeinsamen Küche, die ich mit etwa 12 anderen Studentinnen, die auf der gleichen Etage wohnten, teilte. Als eine Kommilitonin, die ich nicht besonders gut kannte, plötzlich neben mir stand und mich ansprach, schreckte ich aus meinen Gedanken auf: »Was machst du in den Sommerferien?« »Keine Ahnung, und du?« »Ach, ich bin sauer. Ich wollte mit meiner besten Freundin für ein paar Wochen nach Schottland fahren. Doch nun hat sie mir im letzten Augenblick abgesagt. Wir hatten schon gemeinsame Pläne gemacht, und nun lässt sie mich einfach sitzen!«

Hella war so enttäuscht und tat mir so leid, dass ich spontan, wie ich nun mal bin und schon immer war, vorschlug: »Wie wär's wenn ich mitkommen würde?« Bevor ich mich versah, hatte Hella schon die Landkarte von Schottland ausgebreitet und wir marschierten bereits mit dem Finger auf der Karte los. Es sollte zu Fuß mit Rucksack und Gitarre (ohne die ich nicht mitgegangen wäre) nach und durch Schottland gehen.

Überfahrt

Wir trafen uns noch ein paar Mal kurz, um alles zu besprechen, und informierten unsere Mütter, beide Witwen. Dann ging es schwer bepackt mit dem Zug erst einmal bis Calais, dort auf die Fähre. Endlich auf See! Während Hella leicht grünlich wurde und freiwillig beim Gepäck blieb, eilte ich voll Begeisterung auf der Kanalfähre hin und her, um nur nichts zu verpassen.

Für mich ging die Überfahrt viel zu schnell zu Ende, doch Hella war sehr erleichtert, als sie wieder festen Boden unter den Füßen hatte. Wir stiegen in Dover in einen Zug, der uns nach London brachte. So weit, so gut, doch wir wollten schließlich nach Schottland, also Richtung Norden. So suchten wir uns die U-Bahn-Linie aus, die uns am weitesten nach Norden bringen würde. Eine U-Bahn kannte ich bereits von einer Klassenfahrt nach Berlin. Wir bezahlten zum ersten Mal mit englischen Pfunden und kamen uns sehr weltgewandt vor.

Dann kam nach langer Fahrt schließlich die Endstation und als wir mit den schweren Rucksäcken auf dem Rücken ans Tageslicht kamen, schlug uns fast tropische Wärme entgegen. Wir waren schön warm angezogen, da es ja in Großbritannien laut Wetterkarte immer einige Grade kühler als in Deutschland sein sollte. Aber es war August, und dazu der wärmste seit sechzig Jahren (wie wir später in einer Zeitung lasen).

Wir landeten gleich in der nächsten Kneipe, um unsern Durst zu stillen und unsere Wolljacken auszuziehen. *Ale* nannten die Londoner das Bier. Es schmeckte scheußlich und wir sehnten uns nach einem frischen Kölsch. Für die anderen Kneipenbesucher müssen wir einen höchst ungewöhnlichen Anblick geboten haben: Zwei einundzwanzigjährige deutsche Studentinnen, verschwitzt, mit Kniebundhosen aus Leder, dicken Wollstrümpfen und zünftigen Wanderschuhen und dann noch einer Gitarre zu den Rucksäcken. So etwas sahen diese Arbeiter sicher nicht jeden Tag!

Wir kippten also unser Ale (zu) schnell hinunter und machten uns müde, verstaubt, verschwitzt und leicht beschwipst auf die Suche nach einer geeigneten Stelle zum Trampen. Schließlich wollten wir durch England bis nach Schottland trampen. Nach langem vergeblichem Warten erbarmte sich ein Lastwagenfahrer und wir zockelten in einer superheißen Kabine im Schneckentempo in Richtung Norden. Zumindest kamen wir schneller vorwärts als zu Fuß, ermutigten wir uns gegenseitig. In irgendeiner Stadt lud uns der nette Fahrer, dessen Englisch uns unverständlich war, ab und wir fanden eine Jugendherberge, einen Wasserhahn, ein Stück Brot und ein schmales Bett für wenig Geld. Endlich waren wir im Shakespeare-Land angekommen, aber cool fanden wir es nicht gerade. Doch in Schottland waren wir noch lange nicht. Das sollte auch noch etliche Tage dauern. Erst einmal mussten wir durch halb England trampen oder wandern: Immer langsam voran. Außer an das Shakespeare-Haus kann ich mich kaum noch an was erinnern.

Endlich am Ziel

Wir hatten uns extra auffällig *deutsch* angezogen. Wenn die Leute nicht einmal 20 Jahre nach dem Kriegsende sahen, dass wir offensichtlich Deutsche waren und uns trotzdem mitnahmen, dann mussten es nette oder junge Leute sein. Und so war es auch. Die wenigen, die anhielten und uns ein Stück weit mitnahmen, waren die sympathischsten Typen. Da Hella Hemmungen hatte, Englisch zu sprechen, musste ich immer neben dem Fahrer sitzen. Da die Verständigung auch mit meinem kaum besseren Schulenglisch sehr dürftig war, fing ich meist an zu singen. Das hatte den Vorteil, dass die Leute oft weiter fuhren, als sie eigentlich mussten, um uns zu einer Jugendherberge zu bringen oder an eine Stelle, wo wir nach ihrer Meinung am schnellsten weiterkommen würden. Als wir nach ein paar heißen und langen Sommertagen als Anhalter beziehungsweise Tippelschwestern endlich in Schottland landeten, waren wir müde, verschwitzt und schmutzig, aber glücklich, dass wir das Ziel unserer Träume erreicht hatten. Ich stimmte gleich unser Lieblingslied an: »Muss i denn, muss i denn zum Städtele hinaus«, was sehr gut passte, da wir gerade am Straßengraben einer Landstraße im Schatten eines Baumes saßen. Wir kamen uns wie die Landstreicher vor und sahen auch genauso aus. Hella standen die ungekämmten Haare zu Berge und ich war knallrot im Gesicht – Sonnenbrand! Und das in Schottland, wer hätte das gedacht!

Abenteuer Schottland

Schottland bleibt mir in bester Erinnerung. Meine Freundin Hella und ich hatten viel Spaß in diesem schönen Land. Allerdings kann ich das Vorurteil, dass Schotten geizig sein sollen, nicht bestätigen. Im Gegenteil, die, mit denen wir zu tun hatten, waren besonders gastfrei und freigebig.

Unsere erste Begegnung mit Schotten fand natürlich am Straßenrand statt. Hella und ich hatten es nach einem langen, besonders heißen Reisetag bis fast nach Edinburgh geschafft. Noch eine gute Autostunde davon entfernt saßen wir am späten Nachmittag am Rand der Straße, die direkt nach Edinburgh führte, und machten eine Pause. Die Gitarre stand sichtbar neben mir. Ob ich sie nun gerade in die Hand nahm, weiß ich nicht mehr. Doch ein Auto hielt an, obwohl wir überhaupt keine Zeichen gegeben hatten, dass wir gerne mitgenommen werden wollten. Ein Mann schaute freundlich heraus und fragte, wohin wir denn unterwegs seien. »Nun, nach Edinburgh!« »Wir nehmen euch gerne mit«, sagte er. Seine Frau ergänzte: »Aber ihr müsst singen, Mädels!«

Das ließen wir uns nicht zweimal sagen. Wir kletterten zu den beiden Kindern auf den Rücksitz und dann ging's los: *Das Wandern ist des Müllers Lust; Ich weiß nicht, was soll es bedeuten; Muss i denn; Am Brunnen vor dem Tore.* Wir hatten ja schon einige Tage miteinander geübt und konnten ein paar Lieder sogar zweistimmig singen. Mit den beiden Kindern, Jimmy und Carol, verstanden wir uns auf Anhieb gut. Sie sangen uns ein paar schottische Lieder vor und wie im Nu verflog die Zeit bis Edinburgh.

Die Familie Ferguson, bei der wir so gemütlich im Auto saßen, wohnte in Edinburgh. Sie brachten uns zu einer Jugendherberge, wollten aber im Auto warten, um sicher zu sein, dass wir auch tatsächlich einen Platz für die Nacht bekommen würden. Es war nämlich Festivalzeit und Edinburgh war komplett ausgebucht. Auch in der zweiten Jugendherberge gab es kein freies Bett mehr. Vati und Mutti Ferguson, wie wir sie später nannten, hatten ein kurzes Gespräch in echtem Schottisch, wovon wir kaum ein Wort verstanden. Die Kinder nickten eifrig. Dann wurde uns in gutem Schulenglisch erklärt, dass sie uns mit zu sich nach Hause nehmen würden und wir in Carols Bett schlafen könnten! Es war zu gut, um wahr zu sein. Wir kamen uns wie in einem Märchen vor.

Nach einem wunderbaren schottischen Abendessen, das Mutti Ferguson zauberte, und noch ein paar gemeinsamen Liedern sanken Hella und ich in Carols breitem Bett in tiefen Schlaf. Das war unsere erste Nacht in Schottland.

Rundreise

Fergusons nahmen uns mit zu den Festspielen, aufs Schloss, zu den Dudelsackpfeifern, kurzum: sie zeigten uns alles Sehenswerte in und um Edinburgh. Wir blieben mehrere Tage bei diesen gastfreundlichen Schotten und wurden Freunde fürs Leben. (Sie besuchten uns auch in späteren Jahren mehrmals in Deutschland.)

Dass sie ganz feine Christen waren, verband uns noch zusätzlich. Wir ließen eine ganze Menge unnötiger Sachen bei den Fergusons und machten dann noch eine weitere Tramptour Richtung Norden bis nach Thurso, mit *Bed-and-Breakfast*-Komfort. Dort im hohen Norden wurde es dann empfindlich kühl, sodass unsere Pullover doch noch zu ihrem Recht kamen. Da Mutti Ferguson inzwischen mütterliche Gefühle für uns entwickelt hatte, waren wir reichlich mit Reiseproviant versorgt. Wir mussten sie auch mehrmals von unterwegs anrufen.

Natürlich waren wir am Loch Ness und hielten vergebens Ausschau nach dem Monster. Wir versuchten auch, Ben Nevis (höchster Berg in Schottland) zu besteigen. Nach der Hälfte des Anstiegs wurde es dann allerdings zu neblig und es begann in Strömen zu regnen, sodass wir umkehren mussten. Zwei nette junge Engländer, Bruce und Brian, nahmen uns mit ihrem Auto an der Westküste entlang sicher bis zur Jugendherberge in Ullapool mit. Dafür machten wir ihnen ein gutes Speck-und-Rühreier-Abendessen im *Youth Hostel* (Jugendherberge).

Wieder in Edinburgh bei unseren Fergusons angekommen, wurden wir wie alte Freunde begrüßt und mussten unbedingt noch ein paar Tage bleiben. Dann brachten uns die guten Leute noch bis in den Westen Englands, zum Lake District. Mutti Ferguson weinte beim Abschied, als ob sie ihre eigenen Töchter ziehen lassen müsste! Was für wunderbare Menschen!

Aber wir hatten dann auch noch eine nicht so gute Erfahrung auf dem Rückweg nach London. Ein alter, schmutziger Lieferwagen hielt und ein seltsam aussehender Mann bot uns eine Mitfahrgelegenheit an. Es war unausstehlich heiß im Wagen, stank nach verrottetem Fleisch und zu unseren Füßen lagen Seidenstrümpfe und Damenwäsche. Uns wurde ganz anders. Wir waren auf der Autobahn, der Kerl sprach kein Wort, schaute uns nur grimmig an. Hella, die am Fenster saß, bat mich, ihn zu fragen, ob er anhalten könne. Er weigerte sich. Ich fragte wieder, sagte, dass es meiner Freundin übel sei. Mir war es eigentlich genauso übel. Unsere Rucksäcke standen hinter uns auf Körben mit Abfall. Es stank einfach unbeschreiblich.

Ich sah eine Raststätte und bat nochmals, sehr entschieden, dass wir unbedingt aussteigen müssten. Der Bursche fluchte und hielt mit quietschenden Bremsen an. Wir schnappten in Windeseile unsere Sachen, purzelten fast aus dem Wagen, als er auch schon weiterfuhr. Aber sogar meine Gitarre hatte es überlebt! Erst einmal lüfteten wir unsre Sachen, saßen da und heulten vor Dankbarkeit, dass wir da lebendig rausgekommen waren.

Eine Woche später lasen wir, inzwischen wieder in Deutschland, in der Zeitung von einem Mörder in England, der junge Mädchen per Anhalter mitgenommen hatte und ... Ob es dieser Mann war, mit dem wir ein Stück weit gefahren waren, werden wir sicher nie erfahren. Es hätte aber sein können. Ich weiß nur, dass Gott uns auf dieser Schottland-Tramptour vor vielen Gefahren bewahrt hat, und bin ihm von Herzen dankbar dafür. In unserer Heimatzeitung erschien dann auch noch ein Foto von Hella und mir, wie wir in Edinburgh vor dem Castle stehen, worüber wir natürlich besonders erfreut waren.

Abenteuerliche Schiffsreise ins ferne Afrika

Wenn einer eine Reise tut, so kann er was erzählen, sagte mein Vater immer. Und er musste es ja wissen. Geboren 1888, hatte er als junger Mann schon Spanien von Barcelona über Valencia bis nach Cordoba und Gibraltar bereist. Während seines mehrjährigen Aufenthaltes lernte er fließend Spanisch, liebte die spanische Küche, hatte viele spanische Freunde und bekam letztendlich die Ruhr. Daran wäre er fast gestorben. Aber irgendwie erreichte seine Eltern in Deutschland die Nachricht von der Erkrankung ihres einzigen Sohnes. Sein Vater machte sich auf die damals noch lange und beschwerliche Reise, fand ihn und pflegte ihn wieder gesund. Mein Vater hat mir das oft erzählt.

Den zweiten Auslandsaufenthalt verbrachte mein abenteuerlicher Vater dann etwas näher an zu Hause, in England. Als der Erste Weltkrieg ausbrach, versuchte mein Vater mit ein paar deutschen Freunden zusammen, auf einem holländischen Schiff so schnell wie möglich heimzukommen, wurde aber an die Engländer ausgeliefert und landete in Kriegsgefangenschaft auf der *Isle of Man* in der Irischen See. Das hat ihn zwar vier Jahre seiner Jugend gekostet, ein Nierenleiden und viele Entbehrungen eingebracht, aber ihm wahrscheinlich auch das Leben gerettet. Die meisten jungen Männer seines Jahrgangs fielen im Krieg in Frankreich oder Russland.

Meine Großeltern, die monatelang kein Lebenszeichen von ihrem Sohn bekamen, nahmen schließlich an, ihr Sohn sei gestorben oder vermisst. Mein Großvater starb 1914 vor Kummer um den verschollenen Sohn.

Ein paar Wochen nach seinem Tod erhielt meine Oma Luise die erste Postkarte von ihrem Sohn Willi. Das hat sie mir selbst noch mit Tränen in den Augen erzählt, als sie schon fast neunzig war. Bereits damals muss wohl bei mir der Wunsch entstanden sein, eines Tages auch einmal zur See zu fahren. Meine Eltern versuchten mir zu erklären, dass Frauen keine Seefahrer werden könnten. Deshalb wäre ich auch viel lieber ein Junge gewesen, denn ich wollte unbedingt Kapitän werden.

Planken statt fester Boden

Der Traum von einer großen Schiffsreise wurde dann für mich nach dem Abschluss meines Studiums Wirklichkeit. Ich hatte tüchtig gespart und während der Semesterferien immer wochenlang gearbeitet. Endlich ging es von Antwerpen aus los: eine vierwöchige Reise auf einem Frachter, der nach Kapstadt fahren sollte. Der Termin der Rückreise stand noch nicht fest, da ich in Kapstadt abklären wollte, wann wieder ein Frachter Richtung Europa auslief. Das hörte sich für mich 22-jährige frischgebackene Lehrerin abenteuerlich genug an. Meine Mutter war verständlicherweise weniger begeistert. Mein Vater, der mich bestimmt verstanden und unterstützt hätte, lebte ja leider nicht mehr.

Da mich mein Lieblingsvetter, der 1950 als junger Mann nach Südafrika ausgewandert war, schon lange eingeladen hatte, wollte ich unbedingt ihn und seine Familie in Kapstadt besuchen.

Die Seereise Richtung Süden mit einer Zwischenlandung in Dakar (Senegal) trat ich im April 1966 an und fühlte mich von Anfang an auf hoher See zu Hause. Von Seekrankheit keine Spur! Es gab nicht viel zu tun an Bord, denn als zahlender Passagier brauchte ich keine Teller zu waschen. Zusammen mit dem Kapitän, dem ersten Offizier und ersten Ingenieur wurden die Mahlzeiten im Esssalon eingenommen. Das Essen war ausgezeichnet. Ich hatte meine eigene Kabine mit Bullauge, beobachtete fliegende Fische und Albatrosse, las viel und erlebte eine fröhliche Äquatortaufe in einem kleinen Schwimmbad, das sonst zur Abkühlung diente, als wir in die wärmeren Regionen kamen.

Unser Schiff landete jedoch letztendlich nicht in Kapstadt, sondern in Durban, wo ich niemanden kannte. Meine liebe Patentante Hanna hatte aber bereits für mich geregelt, dass ich von dort aus mit dem Zug zu ihr nach Johannesburg fahren konnte.

Verliebt in Land und Leute und …

Bei ihr und ihrem lieben Mann, Onkel Paul, verbrachte ich drei unvergessliche Wochen, lernte *Transvaal*, wie die Provinz damals noch hieß, kennen, besichtigte die Goldminen, Pretoria und das Buschfeld und war sogar eine Woche im Kruger Park unterwegs. Bei meinen Gastgebern feierte ich meinen 23. Geburtstag und ihr Geschenk war eine Reise mit dem *Blue train* nach Paarl, wo mein Vetter wohnte, den ich ja eigentlich besuchen wollte. So reiste ich im Juni 1966 mit einem Luxuszug quer durch Südafrika von Nordosten nach Südwesten bis ins Kapland. Die Reise, die zwei Tage und Nächte dauerte, führte mich durch die öde *Karroo* und das vom Herbstlaub bunte Hexriviertal, wo das gelbe und rote Laub der Weingärten von mir, aus dem offenen Zugfenster hängend, ausgiebig fotografiert wurde. Was für ein eindrucksvolles Farbenspiel! Diese Dias habe ich heute noch. Später sind wir öfter wieder mit Besuchern aus Deutschland in dieses Tal gefahren und haben uns an der farbenfrohen Landschaft erfreut.

Ich war nun schon einige Wochen im Land und hatte schon so viel gesehen. Natürlich war ich bereits bis über beide Ohren in Land und Leute verliebt und wäre am liebsten gleich für immer geblieben. Gott wusste das und hat mir diesen sehnlichen Wunsch erfüllt und mich unendlich reich beschenkt. Aber das ist eine andere Geschichte …

Wieder zurück in die alte Heimat

Auch die schönste Zeit geht einmal zu Ende! Nach drei herrlichen Monaten, erst in Johannesburg bei Patentante Hanna und ihrem lieben Mann und dann in Paarl (in der Nähe von Kapstadt) bei meinem Vetter und seiner Familie, rückte die Zeit des Abschieds näher.

Mein Vetter und seine Familie hatten mich sehr liebevoll aufgenommen und mir die wunderschöne Umgebung gezeigt. An den meisten Wochenenden hatten wir mit ihrem alten DKW Ausflüge nach Kapstadt, ans Meer oder in die nahen Bolandberge gemacht. Das war immer mit einem *Braai* (Grillen) oder zumindest einem ausgiebigen Picknick verbunden. Bei meinem Vetter im Haus hatte ich meinen zukünftigen Mann kennengelernt. Doch wie sollte das alles nur weitergehen?

Im August erfuhren wir, dass ein Schiff der Rederei, mit der ich die Hinfahrt gemacht hatte, im Kapstädter Hafen angekommen war und nach Calais weiterfahren würde. Sollte ich mitfahren? Eigentlich wollte ich nicht, es gefiel mir doch so gut am

Kap der Guten Hoffnung. Aber die Pflicht rief. Ich hatte im September meine erste Lehrerstelle anzutreten. So blieb mir also nichts anderes übrig, als von all den vielen netten Südafrikanern, meiner Familie und ihren Freunden, die inzwischen auch meine geworden waren, Abschied zu nehmen. Sie brachten mich noch zum Hafen, wo es einen tränenreichen Abschied gab. Würde ich sie jemals wiedersehen?

Wieder an Bord

Auf dem Frachter *Rigi* verließ ich winkend und traurig den Hafen. Als ich meine Lieben schließlich nur noch als kleine Pünktchen sah, überkam mich plötzlich eine große Unsicherheit. Hatte ich richtig entschieden, mich wieder auf eine so lange Seereise zu begeben? Warum war ich nicht länger geblieben und dann zurückgeflogen? Aber das hätte so viel mehr gekostet und ich hatte das Geld einfach nicht. Ich tröstete mich mit dem Gedanken, dass ich nun bald ein festes monatliches Einkommen haben würde, und nahm mir vor, tüchtig davon zu sparen, um so bald wie möglich wieder Ferien in

Südafrika machen zu können. Aber schon damals hatte ich eigentlich tief im Herzen viel eher den Wunsch, nach Südafrika auszuwandern.

Gefahr auf hoher See

Nun war ich jedoch erst einmal auf hoher See unter rauen Seeleuten. Nein, so rau waren sie eigentlich nicht. Mir fiel bald auf, dass auf diesem Frachter ein anderer Wind wehte. Das lag am Kapitän, der ein gläubiger Mann war. Er handhabte eine strenge Disziplin. Wir führten manches gute Gespräch. Da er Kinder in meinem Alter hatte, wurde aus diesen wenigen gemeinsamen Wochen auf der *Rigi* eine Freundschaft fürs Leben. Er wurde mein Vize-Papa und war ein Jahr später mit seiner Frau Gast bei unserer Hochzeit!

Aber auf See kamen wir dann in Seenot: Ein Zylinder streikte, sodass wir auf Äquatorhöhe tagelang auf offener See trieben. Ich fand das Schaukeln erst lustig, aber als es später so schlimm wurde, dass die schweren Eichenholzstühle am großen Tisch mit Seilen festgebunden werden mussten, um nicht im Speiseraum hin und her zu rutschen, in der Küche nicht mehr gekocht werden konnte und man auch in der Koje so hin und her rollte, dass an Schlafen nicht mehr zu denken war, da wurde es mir doch mulmig. Wenn ich mit dem Kapitän und seinen Offizieren auf der Brücke stand – oder besser: von einem Bein auf das andere schwankte, ließen sich die guten Seemänner keine Furcht anmerken. Aber die Ingenieure, die im Maschinenraum den Zylinder bei diesem Seegang auswechseln mussten, haben geschwitzt und gebangt. Der Kapitän hat mir hinterher erzählt, dass er Tag und Nacht gebetet hat, dass sich die Ladung nicht verschiebt. Denn dann wäre das Schiff gesunken.

Heute sieht die Schifffahrt ganz anders aus, aber 1966 war von Containern noch keine Rede.

Ruhigeres Fahrwasser

Nachdem die Reparatur der Maschine gelungen war und wir wieder weiterfuhren, bekamen wir Besuch von einer Riesenfledermaus, beziehungsweise einem fliegenden Hund. Dieses interessante Tierchen hatte sich wohl verflogen und konnte die Küste nicht mehr erreichen. Es fiel völlig erschöpft aufs Schiffsdeck. Wir hatten es schon längere Zeit beobachtet und brachten es in einem Abstellraum unter. Es hängte sich ganz zufrieden an ein Seil, das ihm ein tierlieber Matrose gespannt hatte. Wir fütterten es mit Obstabfällen, die ich beim Koch erbettelte.

An Bord gab es auch eine Bibliothek. Ich stellte mich selbst als Bibliothekarin an und band viele der zerfledderten Bücher, meist ziemlich schmalzige Liebesromane, mit Papier ein, so wie wir früher unsere Schulbücher eingebunden hatten. Dann wurde eine Liste angelegt, in die die eifrigen Leser ihren Namen und das Datum und den Titel des Buches eintragen konnten. So kam es zu manchem interessanten Gespräch mit Seeleuten aus aller Herren Länder. Ich selbst habe nicht so viel an Bord gelesen, denn es gab viel zu viel zu sehen und zu fotografieren, zum Beispiel Schwärme fliegender Fische und Riesenalbatrosse.

Wir machten keinen Zwischenstopp, sondern waren volle vier Wochen auf hoher See. Mein ehemaliger Wunsch, einmal Kapitän zu werden, war jetzt, als ich doch die Vize-Tochter eines Hochseekapitäns war, nicht mehr so akut.

Um viele schöne Erinnerungen, etliche neue Freunde und Hunderte Dias reicher betrat ich das europäische Festland und war gespannt, wie mein Leben nun weitergehen würde. Dass Gott alles so wunderbar lenkte, war mir damals noch nicht so bewusst.

Wiedersehen

Als ich in Wuppertal aus dem Zug stieg, stand mein Mütterlein bereits auf dem Bahnsteig und ihr fiel gleich auf, dass ich ein paar Pfund schwerer geworden war. Kein Wunder bei dem guten Essen erst in Südafrika und dann auf dem Schiff. Mit den Worten: »Der Vollmond geht auf!« begrüßte mich meine Mutter, und wir beide mussten so lachen, dass die Tränen rollten. Es war ein frohes Wiedersehen!

Das stärkere Geschlecht?

Zu diesem Thema habe ich so meine eigenen Gedanken. Aber ich will mich vorsichtig ausdrücken, denn ich möchte doch keinem männlichen Leser auf den Schlips treten. Obwohl heutzutage die wenigsten noch einen Schlips tragen, oder?

Früher trugen die Männer stets Anzüge und Vatermörder-Kragen, die Ärmsten. Neulich entdeckte ich ein paar alte Fotos von meinem Vater, noch vor dem Ersten Weltkrieg, in einem verstaubten Karton: Ein Picknick unter einem Olivenbaum am Mittelmeer mit Schlips, Kragen und Hut!! Das heißt, mein Vater ist der einzige Mann ohne Hut auf dem Foto. Ob er wohl auch etwas gegen Hüte hatte, so wie ich? Aber in Südafrika habe ich aus purem Selbstschutz das Huttragen gelernt!

Doch zurück zum stärkeren Geschlecht. Da denke ich natürlich zuallererst an meinen guten Ehemann. Er ist wirklich der Stärkere! Das will ich gar nicht bestreiten. Und das finde ich auch gut so. Er hat bestimmt die kräftigeren Muskeln, wenn es um Arbeit geht, aber ich habe mit Sicherheit die kräftigeren Muskeln, wenn es ums Reden geht! Männer haben ja keinen so hohen Gesprächsbedarf (wie Frauen), um glücklich zu sein. Sie brauchen eher eine Grotte, wohin sie sich ab und zu einmal zurückziehen können. So erklärte es mir jedenfalls mein Schwiegersohn. Und der muss es ja wissen.

Der kleine Unterschied

Mein Mann ist noch *vom alten Schlag*. Ehrlich, treu, verantwortlich, sehr konservativ, höflich, hilfsbereit, sparsam, bescheiden, zufrieden und definitiv von der leider aussterbenden Sorte. Warum ich das jetzt so sage? Gewiss nicht, um ihm Honig um den Bart zu schmieren, sondern einfach, weil es stimmt.

Mein Mann ist sein Leben lang schon der Treusorgende, denn er ist der Älteste von fünf Geschwistern. Fühlt sich immer verantwortlich für alles und springt, um andere zu bedienen. Er ist der geborene Helfer. Er macht auch den besten Kaffee und niemand kann die Spülmaschine so perfekt einräumen wie er. Deshalb lass ich ihn das auch gerne machen, denn so gut bin ich in der Küche nicht. Da schreibe ich lieber Geschichten oder musiziere.

Super, werden Sie vom schöneren Geschlecht nun denken, *so einen Mann hätte ich auch gerne*. Nun, das geht leider nicht, denn er ist schon seit 44 Jahren vergeben und mir ebenso ergeben, hoffe ich!

Er wird diese Geschichte sicherlich revidieren wollen.

Dann bin ich gespannt, was davon übrig bleibt. Unser Sinn für Humor ist ziemlich unterschiedlich. Er hat eben einen männlichen Humor. Aber wenn es zur Krise kommt (und wo kämen in 44 Jahren gemeinsamen Eheglücks keine Krisen vor?), dann bleibt er ruhig und besonnen, während ich dann leicht etwas hysterisch werden kann. Und laut! Er bleibt meist erst ganz still, so wie sonst auch immer. Dann kommt der starke Mann zum Vorschein und er übernimmt die Leitung. Dafür bin ich in solchen Situationen echt dankbar, oder zumindest hinterher.

Zum Beispiel als unsere jüngste Tochter im Kindesalter aus dem rollenden Minibus fiel und eine stark blutende Platzwunde am Kopf hatte. Oder als wir *Besuch* von Einbrechern hatten.

Dann findet mein Mann erstaunlich schnell die Rufnummer der Polizei, während bei mir noch das Adrenalin in Aktion tritt und ich keine Ahnung habe, was ich nun zuerst tun soll.

Ich hab mir immer so einen starken Mann gewünscht, nein, kein Muskelpaket. Einen Mann nach Gottes Herzen, der seine Stärke von ihm bekommt. Der in der Stille das tut, was wirklich wichtig ist.

Starke Männer

Haben Sie schon einmal einen starken Mann weinen sehen? Ich schon – aber nicht bei einer Beerdigung, sondern bei einem Anbetungsgottesdienst! Das hat mich stark beeindruckt.

Es war ein besonders großer und männlicher Mann mit tiefer Stimme. Aber es tat seiner Männlichkeit überhaupt keinen Abbruch, dass ihm die Tränen übers Gesicht liefen, ganz im Gegenteil. Er hat sich nicht geschämt, er war einfach überwältigt von Gottes Liebe.

Auch Jesus hat geweint, können wir in der Bibel lesen. Er hat sich nicht gescheut, seine Emotionen zu zeigen. Er wurde auch zornig, als die Menschen das Tempelgelände zu einer *Räuberhöhle* gemacht hatten. Und war es nicht zugleich stark, als er die Tische der Geldwechsler und Taubenverkäufer umgekippt hat? Das war stark, das war mutig!

Ich wünschte mir mehr solche starken Männer in unseren Gemeinden, die sich nicht scheuen, die Wahrheit zu verkündigen, die keine Menschenfurcht haben, die Gottes Willen tun und keine geistlichen Pantoffelhelden sind.

Eins, zwei, drei, im Sauseschritt eilt die Zeit, wir eilen mit

Hört sich für mich so nach Wilhelm Busch an, oder? Hatten Sie auch früher, als Sie noch ein Kind waren, einen *Struwwelpeter* im Haus? Nein, nicht in natura, das kommt ja eher heutzutage vor. Vielleicht nicht gerade in unserem Haus, es sei denn, dass man morgens früh aus dem Bett steigt und gleich in den Spiegel schaut. Wenn ich so durch die Welt bummle, beobachte ich immer mal wieder solche interessanten Struwwelpeter-Ausgaben in allen Altersgruppen.

Ich liebte Wilhelm Buschs Geschichten, die ja heute in vielen Kreisen als nicht pädagogisch wertvoll eingestuft werden. Pippi Langstrumpf dagegen bleibt wohl weiterhin ein Hit, wenn auch in schwerer Konkurrenz zu Harry Potter, Superman, Spiderman, Barbies und Aliens – in Büchern, auf die Kinderkleidung gedruckt oder als Stickers und Tattoo. Was der gute Wilhelm Busch wohl dazu gesagt hätte? Ich könnte mir vorstellen, dass er jedem dieser Typen ein saftiges Gedicht verpasst hätte …

Aber inzwischen eilt eben die Zeit weiter und wenn man als Großmutter auf dem Laufenden bleiben möchte, dann geht man mit seinen Leseratten-enkelinnen in den nächsten Buchladen und sucht etwas Vernünftiges. Wenn die Oma sich erst in ein Schlunz-Buch vertieft hat, dann steht für sie die Zeit still und sie wird wieder Kind. Manche Leute verstehen es einfach, die Buchstaben so geschickt aneinanderzureihen, dass eine spannende, geistreiche und humorvolle Geschichte daraus wird. Dazu hat man auch noch, ohne es zu merken, eine gesunde Portion an geistlicher Kraftnahrung mitbekommen. Klasse!

Doch nun eilt die Omi bereits weiter mit den Enkeln zum Medienzentrum, um sich dort mit CDs, DVDs, Spielen und Fachliteratur über Malerei, Kunstgeschichte, Geografie, Musikharmonie, Anatomie und Poesie einzudecken.

Zu Hause angekommen, werden die Handys, iPods, Nintendos und Notebooks geladen, geklickt, getickt, gesucht und gebucht, denn noch hat ja nicht jeder alles. »Omi, darf ich mal nach dir an den Computer?« »Aber sicher, mein Kind!« Und Omi spielt inzwischen ein Liedchen auf dem Nintendo, während Opa die Spülmaschine auspackt und dabei den Wetterbericht hört und Mama, mit dem Handy an einem Ohr, an ihrem Lieblingsspielzeug mit Namen Thermomix einen Knopf nach dem anderen drückt und innerhalb kürzester Zeit die tollsten Gerichte zaubert. Mit dem Ohr, das noch frei ist, hört sie dann noch zwischendurch Lateinvokabeln ab.

Multitaskfrauen, unsere tüchtigen Töchter! Sie machen zig Sachen gleichzeitig, fast wie es Napoleon nachgesagt wird! Obwohl ich mir den Bonaparte beim besten Willen nicht in unserer Familie in der Küche mit einem Handy am Ohr vorstellen könnte!

Die Entdeckung der Langsamkeit

Wie haben die Frauen das nur früher alles geschafft? Ohne Waschmaschine, Wäschetrockner, Spülmaschine, Mikrowelle, Kühlschrank, Heißluftherd, Dampftopf, Dampfbügeleisen, Entsafter, Küchenmaschine, Multimixer, Waffeleisen, Toaster, Grill, Eierkocher, Kaffeemaschine, Anrufbeantworter, Radiowecker, Supermärkte, Kurierdienste, Brötchenablieferung, Pizzaservice und Fast-Food-Ketten? Zudem hatten die meisten unserer Mütter weder Kindermädchen noch Raumpflegerinnen, weder Babysitter noch Papierwindeln. Man sollte meinen, dass die Hausfrauen heute viel mehr Zeit haben, aber dem ist leider nicht so. Sie haben eher viel mehr Stress. Warum nur? Wo bleibt nur all die gesparte Zeit?

Und wir Senioren? Bei uns geht doch alles immer langsamer. Wie sollen wir denn da noch mithalten? Mit der Zeit gehen? Die Zeit auskaufen? Dem Stress entfliehen? Möglichst noch gegen den Strom schwimmen? Und nicht hinterm Mond sein? Man muss doch wissen, was in der Welt los ist!

Stellen Sie sich nur vor, wir haben keinen Fernseher zu Hause und bekommen keine Tageszeitung. Wir informieren uns ab und zu kurz über Radionachrichten oder per Internet. Wir haben auch kein Zweitauto, aber dafür zwei Fahrräder. Und zwei Füße, die uns, Gott sei's gedankt, noch geduldig tragen. Wir lassen die Eiligen rennen und gönnen uns ab und zu ein Mittagsschläfchen, ein Kaffeepäuschen, ein stilles Stündchen in der Bibliothek oder wir besuchen gemeinsam ein Konzert. Dann steht die Zeit für uns beide vorübergehend still und das tut gut, wenn man um die siebzig ist. Probieren Sie es aus!

Katzenjammer bei Tagesanbruch

Drei Vierbeiner machen sich bei mir unbeliebt

Es war an einem kalten, stürmischen Wintermorgen, noch vor 7 Uhr. Meine bessere Hälfte ist ein Morgenmensch und immer früh aus den Federn, egal ob Sommer oder Winter. Er war also schon auf, aber ich?

Ich war noch mitten im Traumland mit meinen Enkelkindern – und ich selbst war auch noch jung. Wir gerieten in Gefahr und gerade kam ein sehr sympathischer junger Mann zu unserer Rettung – da wurde ich unsanft aus meinem Traum gerissen. Und zwar durch einen lauten, anhaltenden und äußerst unmusikalischen Schrei. Mir standen die Haare zu Berge. Noch mehr als sonst morgens, wenn ich meinen Kopf vom Kissen hebe.

Ohrenbetäubend

Direkt unter unserem Schlafzimmerfenster spielte sich bei Sturm und Dunkelheit eine überaus lautstarke Katzenjammerszene ab. Sie kennen so ein Sturm-und-Drang-Katzenkonzert? Es gibt ein Katzenduett (Miau-Miau) von Rossini, für zwei menschliche Sopranstimmen notiert. Ich habe es mehrmals gehört und es war ausgezeichnet, aber mit dem wirklichen Katzenkonzert kann es nicht konkurrieren.

Solche Klänge kann keine menschliche Stimme oder gar ein Instrument auch nur annähernd hervorbringen. Dazu braucht es schlicht und einfach zwei echte brünstige Katzen. So wie die beiden unter unserem Fenster. Sie verstanden die Kunst der atonalen Musik[1] perfekt. Der Komponist Arnold Schönberg war ein Waisenkind dagegen. Das war nicht Zwölfton-, das war mehr als Dreizehntonmusik. Oder eben ohrenbetäubender Katzenjammer.

Romantisch? Nein, bestimmt nicht. Aber echt und brutal, sodass die Fetzen flogen. Und anhaltend. Zuerst war es ein Duett. Doch bald schaltete sich der einsame Rottweiler mit dem schönen Namen Whisky ein. Er bellte den *basso ostinato*[2] dazu und das schaurige Trio mischte sich mit den sieben Schlägen unserer alten Standuhr. Hinzu kam der betörende Duft einer Tasse Kaffee, den mein Guter mir ans Bett brachte. Bin ich nicht zu beneiden?

Die unharmonische Serenade am frühen Morgen, gemischt mit dem Aroma des arabischen Kurbelsaftes, machte mich munter. Ich schaute hinaus. Die rot-weiße Katzendame schritt gerade mit noch etwas steifen Beinen langsam davon. Nicht wie eine Verliererin, eher majestätisch. Der schwarze Kater sah aus, als hätte er einen – Kater, meine ich. Er wirkte leicht lädiert und war nun sicher erst mal irgendwohin unterwegs, wo es windgeschützt war und ohne fauchende Katzendamen in Sicht, um seinen ärgsten Katerjammer auszuschlafen. Sicher werden bald kleine Nachwuchsmusiker ihre Gesangsübungen durch die Morgendämmerung erklingen lassen.

Wenn ich das nächste Mal bei der Chorübung unseres Allegro-Ensembles bin, will ich doch mal die Sängerin, die den Chor leitet, fragen, ob sie die Noten von der Katzenmusik hat. Wenn ich fleißig übe, dann kann ich mich vielleicht doch einmal irgendwann revanchieren.

Eine unruhige Sommernacht

Nach einem heißen Sommertag freute ich mich auf eine ruhige Nacht. Es war noch so warm im Schlafzimmer, dass ich den Ventilator anschaltete und mit seinem eintönig summenden Geräusch eindöste. Weg war ich, tief im Traumland – bis ich vom Summen eines Moskitos wieder wach wurde. Ich schnappte mir mein Kissen und verschwand in unser Gästezimmer, gleich nebenan. Dort schaltete ich das Antimoskitomaschinchen an. Gerade war ich wieder fast weg, da summte schon wieder so ein kleines Ungeheuer um mein Gesicht. Sollten die kleinen Viecher inzwischen gegen das Gift immun geworden sein?

Rastlos durchs Haus

Also, Kopfkissen unter den Arm, ab ins Sonnenzimmer auf der anderen Seite des Hauses. Die Schiebetür stand noch auf und eine angenehme Brise kühlte mich ab. Ich machte es mir auf der Schlafcouch bequem und nickte ein. Da kam aber schon der erste

Moskito angesummt … Wohin nun? Ins Gästequartier nach unten? Nein, da zirpten die Grillen so laut, dass man fast Ohrenschmerzen bekam.

Ich blickte auf die Uhr. Es war erst 4 Uhr. Leise schlich ich wieder nach oben in unser Schlafzimmer. Dort ging es lebhaft zu. Der Maestro lag unter dem Moskitonetz und pustete in allen möglichen Tonarten von Dur bis Moll. Es war, als ob er in der Generalprobe eines Bläserorchesters mitten in seinem Solo wäre. Ich wollte ihn nicht unterbrechen, aber die Kadenz nahm und nahm einfach kein Ende … So fasste ich mir ein Herz und ihm an die Nase und drückte sie einen Augenblick fest zu.

Ton abgedreht. Ruhepause. Mal eben schauen: Ja, er lebte noch, holte ganz normal Atem. Also nutzte ich die Gelegenheit. Ich kroch auf meiner Seite unters Netz, aber da war kaum Platz. Meine bessere Hälfte hatte viel mehr als die Hälfte unseres Doppelbettes in Beschlag genommen. Ich versuchte mich auf dem engen Fleckchen zu arrangieren, ohne das Netz zu berühren. Als ich wieder einen Moskito hörte, freute ich mich, dass er nicht an mich herankommen konnte. Kann denn keiner etwas Vernünftiges gegen diese blutrünstigen kleinen Viecher erfinden?

Besonders intelligent

Ich hörte die Uhr schlagen. Es war nun also halb fünf. Freitagmorgen. Und heute sollte es genauso heiß werden wie gestern. Ich würde mir einen ausgiebigen Mittagsschlaf leisten, aber wo?

Um 5 Uhr stand mein gut ausgeschlafener Schatz auf. Während er aus dem Netz stieg, hatte es offensichtlich ein Moskito geschafft, nach drinnen zu kommen. Es musste ein besonders intelligentes Exemplar seiner Gattung sein, denn das war bisher noch nie passiert. Ich faltete das Moskitonetz zusammen und hoffte, dass das intelligente Exemplar dabei plattgedrückt wurde. Dann stellte ich den Ventilator auf die höchste Stufe. So einen Durchzug haben die kleinen Bestien gar nicht gerne. Ich aber auch nicht. Ich zog mir das Laken über den Kopf und döste noch ein bisschen vor mich hin, bis mir mein Guter um halb sieben einen duftenden Kaffee neben das Bett stellte. Wer konnte dem widerstehen?

Langsam hievte ich meine müden Glieder aus dem durchwühlten Bett, nahm die Tasse Kaffee und setzte mich damit auf den Balkon. Das Meer rauschte, hinter dem Berg im Osten wurde es immer heller und dann ging als feuriger Ball die Sonne auf. Flimmernde Hitze. Ein neuer Sommertag begann.

Das ist Afrika! Und ich liebe es – trotz Hitze, trotz Moskitos. Es ist mir zur Heimat geworden und eine unruhige Nacht nehme ich in Kauf. Schließlich leben wir nicht mehr im Paradies. Und das Beste kommt sowieso noch!

Farbenfrohes Lob

Malen wollte ich immer schon gerne. Während meiner Schulzeit machten mir sowohl Musik als auch Kunst sehr viel Freude. Beim Studium musste ich mich aber entscheiden: entweder Kunst *oder* Musik. Die Musik siegte und somit blieb die Kunst lange Jahre ziemlich unterentwickelt und fast vergessen.

Bis ich 35 Jahre später meinen Lehrerberuf an den Nagel hängte und mich spontan für einen Malkurs der Bibliothek anmeldete. Porträtzeichnen mit Pastellkreide war angesagt. Ich hatte gleich Freude daran und zeichnete mit Begeisterung, erst nur die zwei Stunden pro Woche unter Leitung der Malerin, die uns jede Woche ein anderes Modell mitbrachte. Wir lernten die Darstellung von Licht und Schatten, malten schwarz-weiß, dann bunt. Ich übte Augen, Ohren, Nase, Mund und Haare. Alles nicht so einfach!

Als Nächstes machte ich meine eigenen Pastellzeichnungen zu Hause – von Fotos. Vor allem meine Enkelkinder mussten dran glauben. Sie wurden fotografiert, skizziert, gezeichnet und gerahmt. Das machte mir viel Spaß!

Dann zogen wir vor neun Jahren in ein Küstendorf um, mit Blick aufs Meer. Wunderbar! Das hatte ich mir immer schon gewünscht. Mein Mann war nun auch pensioniert. Wir genossen die frische Seeluft, machten Wanderungen, lernten die Leute kennen. Ich schloss mich einem Chor an, spielte meine Instrumente, wir veranstalteten sogar ein Hauskonzert.

Dann hörte ich von einem Künstler, der Malunterricht gibt. Und seit 2008 habe ich nun ein neues Hobby: Ölmalerei. Dabei lerne ich vieles so nebenbei: Erstens *Geduld*, denn Ölfarbe trocknet langsam. Ein Bild braucht Wochen! Zweitens *Disziplin*, denn beim Malen gibt es eine Menge Regeln. So muss man erst die dunklen Farben auftragen, dann die hellen. Drittens *Organisation*: Man muss vorher genau planen, was, wo, wie, wann und womit. Ich dachte immer, man malt mit einem Pinsel, aber inzwischen male ich mit mindestens drei Pinseln abwechselnd, einem Messer, Lappen, Toilettenpapier, Schwamm und den Fingern ...

Neue Perspektiven

Es fing mit einer Küstenlandschaft an: ein paar kleine Fischerhäuschen und ein Boot. Das war mein erstes richtiges Ölgemälde. Unser ältester Sohn bekam es zum vierzigsten Geburtstag. Es hängt jetzt, wunderschön gerahmt, in seinem Wohnzimmer.

Die anderen Kinder haben schon vorsichtig gefragt, ob sie erst vierzig werden müssen, bevor sie ein Bild bekommen. Nun hat also der zweite Sohn, der in Schottland lebt, eine Landschaft mit Häuschen und blühenden Lupinenfeldern bekommen und mit nach Schottland genommen. Inzwischen habe ich Stillleben mit aufgeschnittenen Avocados und Granatäpfeln gemalt, Birnenstillleben, eine Landschaft mit leuchtenden Rapsfeldern, ein Blumenstillleben, Blumen à la van Gogh, ein typisch afrikaanses Farmhaus und als Letztes ein Boot, das von Fischern ans Ufer gezogen wird – bei Sonnenuntergang. Auch ein Hexrivierlandschaftsbild mit Weingärten und einen Sonnenaufgang in Kleinmond am Meer habe ich inzwischen gepinselt.

Ich habe vor, noch viele Seelandschaften zu malen – bei verschiedenen Beleuchtungen, mit Menschen, Booten, Bergen und Vögeln. Und der Himmel, die Wolken, die Berge, das alles fasziniert mich und ich sehe es mit neuen Augen. Sozusagen aus der Malerperspektive.

Nie zu alt

Die Welt ist so unbeschreiblich wunderbar und etwas von dieser Einzigartigkeit möchte ich in meinen Bildern festhalten. Etwas von der atemberaubenden Schönheit und Ursprünglichkeit von Gottes Schöpfung in all seiner Farbenpracht. Wie kann man sagen, da sei kein Gott, wenn doch die ganze Schöpfung seine Existenz bestätigt? So ähnlich heißt es in dem Lied »Creation calls« (Ruf der Schöpfung) von Brian Doerksen, das ich sehr mag.

Mich ruft die Schöpfung dazu auf, zu staunen, zu malen, zu singen, zu danken und an den Herrn der Schöpfung zu glauben. Danke, Herr, für so ein kostbares Hobby! Es ist so viel mehr als das, und es soll zu deiner Ehre sein.

Die meisten der etwa dreißig Schüler in unserem Kurs sind übrigens über sechzig, einige über siebzig und einzelne über achtzig Jahre alt. Zum Malen ist man nie zu alt, solange man noch einen Pinsel in der Hand halten kann. Macht das nicht Mut zum Farbenspiel?

Musik im Blut

Solange ich zurückdenken kann, habe ich Musik gehört, gemacht und geliebt. Meine Großmutter sang so gerne wie meine Mutter. So habe ich früh mit dem Singen angefangen. Mit fünf Jahren bekam ich meine erste Blockflöte und lernte Noten lesen, bevor ich in die Schule kam und Buchstaben lesen und schreiben lernte.

Nachdem ich mich von der Sopran- bis zur Tenorflöte durchgeübt und -geblasen hatte, schenkte mir ein pensionierter Lehrer-Onkel eine Geige. Er hatte sie bei einem Zigeuner kurz nach dem Krieg im Tauschhandel erworben. Sie ist handgemacht und inzwischen weit über hundert Jahre alt. Da sie noch zu groß für mich neunjähriges Mädel war, liehen meine Eltern eine Zeit lang eine Dreiviertelgeige, sodass ich im ersten Gymnasialjahr mit dem Violin-Unterricht anfangen konnte. Mit dem Leihinstrument spielte ich die ersten schiefen Töne und als ich endlich aus diesem Stadium hinaus war, da passte mir schon meine eigene Geige unters Kinn.

Wir hatten wunderbare Musiklehrer an der Schule – begabte, enthusiastische Pädagogen. Dafür bin ich Gott so dankbar. Sie haben meine Liebe zur Musik gefördert und uns Schülern mit Schulchor, Flötenchor und Streichorchester viele Möglichkeiten geboten, um unser Musiktalent zu entwickeln. Wenn man bedenkt, dass das in den Fünfzigerjahren war, also noch in der Nachkriegszeit, dann ist das umso beachtlicher.

Ich erinnere mich an eine Schuloper *Orpheus* von *Gluck*, die monatelang mit großem Eifer geübt wurde und deren Aufführung Schlagzeilen in der Wuppertaler Zeitung machte. Ich muss in der 5. oder 6. Klasse gewesen sein und war sehr stolz, dass ich im Orchester in der 2. Geige mit den Großen mitspielen durfte. Haben wir die Abiturienten bewundert, die die Hauptrollen sangen!

Musikalische Weiterentwicklung

In der Stadt Wuppertal, wo ich aufwuchs, bekamen Schüler zum verbilligten Preis Konzertkarten für Meisterkonzerte in der Stadthalle sowie Opern und Ballettaufführungen im Opernhaus.

Ein Konzert mit Jehudi Menuhin, dem sicher berühmtesten Geigenvirtuosen und -lehrer unserer Zeit, ist mir unvergesslich. Wir Schüler hatten extra Plätze hinter dem Orchester und konnten somit den Musikern über die Schulter und fast in die Noten schauen. Solisten wie Elli Ney, Wilhelm Kempff, Wolfgang Schneiderhan, Dietrich Fischer-Dieskau habe ich live erlebt und bewundert.

So träumte ich als junges Mädchen natürlich auch von einer Musikkarriere. Dass dazu nicht nur Talent, sondern auch sehr viel diszipliniertes Üben gehört, wollte ich damals nicht so wahrhaben.

Mit 16 Jahren erbte ich dann ein Klavier von Freunden meiner Mutter, deren Kinder wohl nicht musikalisch waren. Direkt uns gegenüber wohnte in einer großen alten Villa eine Konzertpianistin, bei der ich den ersten Klavierunterricht erhielt. Aber dann wollte ich unbedingt auch noch Orgelunterricht nehmen und meine armen Eltern konnten nicht Nein sagen. Viele Stunden habe ich auf der Orgelempore gesessen und versucht, meine Hände und Füße in Einklang miteinander zu bringen. Ich hatte einen äußerst geduldigen Orgellehrer. Er leitete einen Jugendsingkreis und dieser gläubige, begabte junge Kantor war einer meiner heimlich angebeteten Helden. Aber geübt hab ich trotz aller Begeisterung nie genug!

Später dann auf der Pädagogischen Hochschule in Bonn nahm ich während des Studiums noch Gesangsunterricht zum Geigenunterricht. Ich konnte einfach nicht genug von Musik bekommen. Das muss meine Eltern so einiges gekostet haben. Aber das wurde mir erst klar, als unsere eigenen Kinder mit ihrem Musikunterricht begannen.

Mit dem Bonner Uni-Chor machten wir zu Ostern 1964 ein Reise durch Frankreich und Spanien und führten *Bachs h-Moll-Messe* unter anderem in Kathedralen in Lyon, Barcelona und Madrid auf. Eine unvergesslich schöne Busfahrt durch die Pyrenäen und eisig kalte Kathedralen, aber warmer Applaus sind mir in Erinnerung geblieben.

Musik begleitet bis heute

Bis heute habe ich immer entweder Musikunterricht für Anfänger gegeben, in Chören gesungen oder in Ensembles und Orchestern gespielt und sehr viel Freude an klassischer Musik gehabt.

Glücklicherweise haben meine Eltern erkannt, dass ich nicht das Zeug zur Berufsmusikerin hatte. Ich bin heute sehr dankbar dafür, dass ich einfach musizieren kann, weil es mir Spaß macht und ich nicht meinen Lebensunterhalt damit verdienen muss. Gott loben mit meinem Lied ist mein höchstes Ziel!

Nachdem unsre sechs Kinder, die alle verschiedene Instrumente spielten, nach und nach aus dem Haus gingen, schnappte ich mir die zurückgelassene Querflöte unsrer jüngsten Tochter und nahm ein Jahr lang Unterricht. Aber irgendwie hatte ich nie genug Puste ... Dann verließ unser zweitjüngster Sohn das Haus, zog in die weite Ferne und ließ sein Cello zurück. Auch das Cello-Spielen habe ich ohne viel Erfolg, aber mit angeschlagenem Schlüsselbein wieder aufgeben müssen. Was Hänschen nicht lernt, lernt Hans nimmermehr. Stimmt vielleicht manchmal, aber nicht immer!

Eine Bassflöte erstand ich zum Beispiel vor vielen Jahren und somit konnten wir, als die Kinder noch alle zu Hause wohnten, ein richtiges Flötenquartett auf die Beine bringen und sogar als solches zur Hochzeit unsrer ältesten Tochter musizieren.

Zukunftsmusik?

Mein Musikgeschmack ist ziemlich konservativ, was vielleicht daran liegt, dass ich mit klassischer Musik groß wurde. Das habe ich sicher meinem Vater zu verdanken.

Als Kind war ich während der Karnevalszeit einmal bei den Nachbarn. Aus dem Radio erklang ein alberner Karnevalsschlager. Die Nachbarn kannten mich als singfreudig und meinten, ob ich nicht mitsingen wollte? »Nein«, erwiderte ich ernst, »mein Vater sagt, dass ich keine *Schläger* singen darf!« Wir haben noch oft später darüber gelacht.

Als ich dann ins Teenageralter kam, machten die Beatles gerade Karriere. Aber ich konnte mich einfach nicht mit dieser Art von *Musik* anfreunden. Auch Elvis und seine Lieder ließen mich völlig kalt. Dann kam Peter Krauss mit *Sugar baby* und die Kinder der Nachbarn, die eine Etage über uns wohnten, spielten die Schallplatte, bis sie heiß wurde.

Mein Vater konnte es einmal abends nicht mehr aushalten und bat sie telefonisch, ob sie das *Sugar baby* nicht mal zu Bett bringen könnten?

Sicher war es für die Nachbarn auch nicht so angenehm, mich jeden Tag Geige und Klavier üben zu hören! Zwischen eins und drei war natürlich Mittagsruhe, die streng eingehalten wurde. Und abends ab 8 Uhr musste es ebenfalls ruhig sein. An Sonn- und Feiertagen durfte ich auch kein Radio hören. Dabei hatte ich das kleine Radio erst zu meinem 13. Geburtstag bekommen und es gab ausgezeichnete Konzerte im Radio.

Mehrmals hörte ich meine eigene Klavierlehrerin im Radio spielen. Sie begleitete manchmal einen Cellisten, an dessen Name ich mich aber nicht mehr erinnere. Ab und zu war im Radio auch ein etwas moderneres Musikstück zu hören. Das war die Zeit der Zwölftonmusik[3] und der elektronischen Musik.

Musik in Afrika

Etwa 10 Jahre später, als ich schon in Südafrika lebte, sollte in Stellenbosch, wo wir zu dem Zeitpunkt wohnten, im Konservatorium der Universität ein Konzert stattfinden. Zwei deutsche Musiker traten auf. Der eine war der Cellist, den ich vom Radio her kannte.

Mein Mann und ich gingen erwartungsvoll ins Konzert und mussten uns erst einmal gedulden, denn der Solist verspätete sich; schließlich kam er von weit her! Wir wurden von der Cellomusik nicht enttäuscht, hatten aber den Eindruck, dass der Cellist nicht sein eigenes Jackett trug, denn es war ihm viel zu eng und die Ärmel zu kurz – wahrscheinlich in der Eile von jemandem geliehen. Mir tat er leid, denn mit so wenig Bewegungsfreiheit Cello zu spielen, musste eine Tortur für ihn gewesen sein. Außerdem hatte er eine schlimme Bronchitis oder Allergie und das Keuchen, das sich seiner Brust während des Spielens entrang, mischte sich mit den Celloklängen auf nicht zu überhörende Weise. Das klang schon recht modern.

Aber dann sollte es noch um einiges moderner werden. Der begleitende Pianist kam nun zu seiner Soloaufführung. Ich habe nie wieder so etwas Interessantes gehört und gesehen. Er spielte mit Handschuhen, um seine Hände zu schonen, und bearbeitete mutig, systematisch und gnadenlos den armen Flügel von links nach rechts. Es muss wohl Stockhausen[4] gewesen sein. Uns stockte so einiges vor Schreck.

Die Gesichter der Zuhörer sprachen Bände ... Nachdem der Künstler sich ausgewütet hatte, sodass ihm der Schweiß von der Stirn tropfte, ging er ins andere Extrem über: Er entlockte dem Instrument ein paar zarte Töne, die bis zum Gehtnichtmehr wiederholt wurden und noch lange nachklangen. Mit eindrucksvollen Pausen dazwischen. So schrieb es die Partitur sicher vor ...

Aber Stockhausen und der Pianist hatten nicht mit den Stellenboscher Fröschen gerechnet. Es hatte zuvor geregnet und die Frösche machten ihr eigenes Konzert! Während der gute Mann am Klavier zirpte und dann in die Pausen hinein sein Ohr lauschend fast auf die Tasten legte, quakten durch die geöffneten Fenster fröhlich Dutzende Frösche ...

Ich durfte meinen Mann nicht ansehen, sonst hätte ich laut herausgelacht. So ging es den meisten Zuhörern. Die Musikprofessoren machten ein ernstes Gesicht, die Musikstudenten bewahrten Haltung, ich biss mir auf die Lippen. Es war urkomisch. Ich musste unwillkürlich an die Geschichte »Des Kaisers neue Kleider« denken. Die Musikkenner taten, als sei es etwas ganz Besonderes. Mir tat der Rezensent leid, der für die Zeitung einen Artikel über den interessanten Musikabend im Konservatorium schreiben sollte.

In der langersehnten Pause gingen mein Mann und ich nach draußen in den Garten des Konservatoriums. Aus einer der kleinen Kabinen, die die Studenten wohl zum Üben nutzen konnten, drangen ähnliche Klänge wie zuvor aus dem Konzertsaal. Ob der Pianist noch weiter übte? Nein, ein paar Studenten ahmten ihn perfekt nach, wobei auch einige den Part der Frösche quakten!

Dieses Froschkonzert wird uns unvergesslich bleiben. Die Zukunftsmusik hatte in Südafrika wohl nur wenig Zukunft.

Die Frösche hingegen quaken in der zigsten Generation immer noch unbekümmert ihr altes Lied!

Farben

Was wäre die Welt ohne Farben? Schwarz-weiß und langweilig! Oder gar grau und wenig anheimelnd wie ein nebliger Novembertag in Europa?

Wir Menschen brauchen offensichtlich Farben, um uns wohlzufühlen. Farben machen alles lebendig, sprechen unsere Gefühle an. Im Kunstunterricht lernt man auch so einiges von Farben, zum Beispiel von den Komplementärfarben. Mein Kunstlehrer aus meiner Schulzeit hat mit viel Eifer versucht, unsre Schülerherzen für kalte und warme Farben, Picasso, van Gogh und viele andere Farbkünstler zu erwärmen. Nicht alle Klassenkameraden waren davon so begeistert wie ich (und ich bin es heute, über fünfzig Jahre später, noch immer!).

Ich kann mich auch noch gut an die ersten Farbfilme, Farbfotos und den ersten Farbfernseher erinnern. War das eine Aufregung!

Gottes Farbpalette

Unsere Welt ist bunt und alle Farben des Regenbogens begegnen uns in der Natur. Gibt es etwas Schöneres als den Regenbogen? Hier bei uns in Südafrika steht der manchmal direkt über dem Meer, mit den beiden Enden im Wasser! Wie oft habe ich schon versucht, einen doppelten Regenbogen zu fotografieren, aber so überwältigend schön wie in der Natur lässt er sich nicht abbilden. Er ist einfach so viel größer, wunderbarer und farbenprächtiger.

Farben haben Bedeutungen: Grün ist die Hoffnung, Blau die Treue, Rot die Liebe und Gelb die Eifersucht und der Neid. Schade eigentlich, da Gelb so eine schöne, warme Farbe ist. Wenn wir Großeltern mit unserm vierjährigen Enkel *Mensch ärger dich nicht* spielen, dann will er immer mit den gelben Männchen spielen. Als Kind war ich fest davon überzeugt, dass die gelben Männchen die beste Chance zum Gewinn hatten. Und mit dem grünen Würfel warf ich garantiert die meisten Sechsen! Wenn man sich Spiele anschaut, so sind sie alle sehr farbenfroh gestaltet.

Räume, in denen sich Kinder aufhalten, sind meist sehr bunt und farbenfroh (wie mein Klassenzimmer, als ich unterrichtete). Wer könnte sich denn ein Kinderzimmer in Grau oder Schwarz-Weiß vorstellen? Das wäre ja schrecklich!

Biblische Farbperspektiven

In der Bibel lesen wir auch einiges von Farben. Ich denke da sofort an Lydia in Philippi, die Purpurhändlerin und erste Christin auf europäischem Boden. Sie und die anderen Frauen haben dort beim Fluss am Sabbat gebetet, aber unter der Woche fleißig Stoffe für reiche Leute, die sich kostbare purpurne Kleider leisten konnten, gefärbt. Lydia, die ursprünglich aus Thiatira kam, muss eine aktive und geschäftstüchtige Frau gewesen sein. Gott tat ihr das Herz auf und mit Jesus kam da erst recht Farbe in ihr Leben. Ich habe die Geschichte gerne wieder mal gelesen (Apostelgeschichte 16) und sehe Lydia so richtig lebendig vor mir mit all den Purpurstoffen und -farbtöpfen.

Vor Jahren hörte ich eine Predigt, in der erwähnt wurde, dass man jedem Evangelium eine bestimmte Farbe zuordnen könnte. Ich schrieb mir auf: Matthäus – violett, Markus – rot, Lukas – gold, Johannes – blau. Leider habe ich mir damals keine weiteren Notizen dazu gemacht, es ging sicherlich in der Predigt auch nicht in erster Linie um die Farben. Purpur oder Violett ist doch die Farbe der Priesterkleidung, oder? Ich lese gerade in der Konkordanz, dass es blauen und roten Purpur gab. Wie interessant! Den Apostel Johannes, der so viel über die Liebe geschrieben hat, hätte ich persönlich auch eher mit der Farbe Rot assoziiert als den eher nüchternen und sachlichen Erzähler Markus.

Eins meiner Lieblingsbücher im Neuen Testament ist die Offenbarung. Es hat mich, seit ich vor über 40 Jahren mein Leben in die Hand von Jesus gelegt habe, besonders gefesselt. Roland Werner nennt die Offenbarung *das Buch der Enthüllungen*. In Kapitel 6 lesen wir von der Vision des Johannes von Reitern auf Pferden: »Die Reiter trugen *eine feuerrote und dunkelblaue und schwefelgelbe Rüstung* …« (Offenbarung 9,17). Wow, das muss ja ein Anblick gewesen sein.

Und rot ist eben nicht nur einfach rot. Es gibt zig Varianten. Wenn ich mir meine Ölfarben anschaue und wieder zu meiner Lieblingsfarbe Blau zurückkomme: Es gibt nicht nur Hell- und Dunkelblau, nein, eine ganze Palette voller verschiedener Blaus: *Ultramarin, Kobaltblau, Preussisches Blau, Phaltoblau, Ceruleanblau* … Alle haben bestimmte Eigenschaften. Es ist eine aufregende, anregende, bunte Farbenwelt. So hat Gott die Welt erschaffen: bunt. Das Paradies war gewiss ein Farbenparadies von Pflanzen, Blumen und Tieren. Und Adam war sicher nicht farbenblind!

Wie froh bin ich, dass ich in so einer farbenfrohen Welt leben darf!

Nach der Bescherung in den Swimmingpool

Wir Europäer können uns Weihnachten nur im Winter vorstellen, oder? Nach 24 deutschen Weihnachten, meist mit Schnee und Eis, bin ich in ein fernes Land auf der »unteren« Seite der Weltkugel ausgewandert und habe die letzten 44 Weihnachtsfeiern im südlichen Afrika erlebt. Hier feiert man das Christfest fröhlich in der größten Sommerhitze und springt zwischendurch ins Schwimmbad, einen kühlen Gebirgsfluss oder gar in den rauschenden Ozean – je nach Möglichkeiten.

Warum auch nicht? Denn eigentlich geht es ja an Weihnachten nicht um Tannenduft und verschneite Landschaften, sondern um Jesus, den geliebten Sohn Gottes, der Mensch wurde, um uns zu retten.

Christfest ohne Christus

Vielen Christen hier ist Weihnachten sehr wichtig und sie feiern es als das größte Fest des Jahres. Leider wird dieses Fest aber auch hier in Südafrika oft kommerzialisiert bis zum »Gehtnichtmehr«. Die armen Fichten oder andere erreichbare Nadelbäume müssen jedes Jahr dran glauben. Als wir einige Jahre im trockenen Namibia lebten, haben wir allerdings mit einem Dornenbaum vorliebnehmen müssen …

Im gesamten englischsprachigen Raum hat man weitgehend Christus aus dem Christfest verdrängt und aus »Christmas« (Weihnachten) einfach »Xmas« gemacht. Außerdem bekommen wir immer häufiger Karten, auf denen nicht »Gesegnete Weihnachten« steht, sondern »Season's Greetings« (Jahreszeitliche Grüße) oder »Happy Holidays« (Fröhliche Ferien!). Das ist schade! Allerdings ist es Jesus meiner Meinung nach nicht sehr wichtig, dass wir seinen Geburtstag feiern. In der Bibel lesen wir stattdessen seine Bitte, das Abendmahl zur Erinnerung an ihn zu feiern.

Angst vorm Weihnachtsmann

Seit unserem ersten gemeinsamen Weihnachten im Jahr 1968 ist unsere Familie von drei auf 23 Personen angewachsen und wir feiern nun seit ein paar

Jahren nicht mehr in unserem zu klein gewordenen Haus am Meer, sondern entweder in einem großen Ferienhaus in den Bergen oder bei unserem ältesten Sohn und seiner Familie in ihrem großen Garten mit Schwimmbad.

Mein Mann und ich haben, als unsere Kinder klein waren, mehr oder weniger auf deutsche Art und Weise Weihnachten gefeiert – am Heiligabend. In Südafrika ist es eher üblich, am 25. Dezember vormittags zu feiern, natürlich nach dem Weihnachtsgottesdienst. Viele Kinder hängen einen großen Weihnachtssocken am Heiligabend an die Türklinke, der dann am Weihnachtsmorgen mit Leckereien, fast wie am Nikolaustag in Deutschland, gefüllt ist. Die Geschenke werden, solange die Kinder noch klein sind, angeblich vom Weihnachtsmann durch den Kaminschornstein – sofern man einen hat – gebracht.

Unsere Kinder hatten durch Kindergarten und Nachbarskinder auch vom Weihnachtsmann gehört. Dieser war für sie aber eher eine Schreckensfigur, die immer nur wissen will, ob sie auch artig waren – und welches Kind kann schon ein Jahr lang artig sein? Also ließen wir diese »Nikolaus-mit-

Rentier«-Szene, die die Engländer so lieben, gleich weg und konzentrierten uns mit den Kindern auf das Wesentliche, das größte Geschenk: Jesus Christus, der aus Liebe zu uns Mensch wurde.

Erst das Krippenspiel …

Es hat sich in unserer Familie durch die Jahre zur Tradition entwickelt, dass die Kinder ein Krippenspiel aufführen, das entweder die Eltern oder die älteren Kinder mit Versen aus der Bibel begleiten und alle gemeinsam mit Liedern ausschmücken. So ist jeder aktiv beteiligt und der Opa, als Familienoberhaupt, schließt mit einem Segens- und Dankgebet.

Solange eins der Enkelkinder noch ein Säugling ist, darf es das Jesuskind sein, die anderen wechseln sich mit den beliebten Rollen von Maria, Josef, Engel und Schäfchen ab. Herodes spielen sie nicht ganz so gern, dafür aber die Hirten. Die weisen Männer mit den interessanten Geschenken sind dann übrigens oft dieselben, die im ersten Akt die Hirten dargestellt haben. Denn so viele Enkel haben wir ja nun auch noch nicht! Bisher gerade erst zehn. Die älteste, Jana, ist fast dreizehn Jahre alt. Beim letzten Weihnachtsfest führte sie die Regie und ihre kreative Tante sorgte für wunderschöne Kostüme. Dazu machen alle, die Spaß daran haben, Musik.

Die Texte unserer Krippenspiele sind in Afrikaans und Deutsch und manche Lieder auch in Englisch. Wie gut, dass unser himmlischer Vater alles versteht! Es ist ja ihm zur Ehre.

... dann die Bescherung

Danach folgt die Bescherung, meistens draußen, schließlich ist das Wetter um diese Jahreszeit meistens gut. Dann sind die Kleinen schon in Badekleidung und springen, nachdem sie ihre Geschenke ausgepackt und begutachtet haben, so schnell wie möglich ins kühlende Nass.

Darauf folgt ein Festschmaus, an dessen Zubereitung sich alle beteiligen: weil es Hochsommer ist, eher mit kaltem Fleisch und Salaten, Früchtepunsch und Eiscreme. Die Oma hat mindestens ein Enkelkind auf dem Schoß und liest aus einem Weihnachtsgeschenk-Bilderbuch vor, der Opa spielt mit seinen Enkelsöhnen auf dem Rasen mit der neuen Holzeisenbahn, ein paar Leseratten haben sich schon mit einem Buch bewaffnet unter einen schattigen Baum verzogen. Der Verdauungsprozess, auch Mittagsruhe genannt, kann beginnen …

Keine Sehnsucht nach Schnee

Dass wir im Sommer Weihnachten feiern mit elektrischen Kerzen, weil es ohnehin schon heiß genug ist: Wen stört's? Statt sich nach einer echt deutschen Weihnachtsfeier mit Schnee und Eis zu sehnen und zu singen: »I'm dreaming of a white Christmas« (»Ich träume von weißen Weihnachten«), singen wir lieber voller Freude vom echten Sommerweihnachtsfest in unserem Land (dieses Lied wurde eigens von einem zeitgenössischen südafrikanischen Komponisten geschrieben). Und wir sind von Herzen dankbar, dass wir in diesem besonderen Land leben dürfen, das auch mir inzwischen zur Heimat geworden ist.

Eine besondere Weihnachtsfreude

Wir hatten als Großfamilie zusammen Heiligabend gefeiert, am ersten Weihnachtstag führten unsre Enkel gemeinsam ein Krippenspiel auf, das die damals elfjährige Jana in eigener Regie mit ihren Schwestern, Vettern und Cousinen zusammengestellt hatte. Unsere Schwiegertochter hatte die schönsten Kostüme dazu beigesteuert. Da es ein heißer Sommertag war, sprangen alle Kinder direkt nach dem Krippenspiel ins Schwimmbad, um sich abzukühlen. Wir Erwachsenen gingen in die Küche und bereiteten die letzten Salate und den Nachtisch für das Weihnachtsessen vor. Der Tisch war festlich geschmückt und wir freuten uns auf das gemeinsame Mahl.

Da sagte meine Schwiegertochter, in deren Haus wir in diesem Jahr zusammengekommen waren: »Ihr habt doch sicher nichts dagegen, dass wir eine einsame Frau mit ihrem 10-jährigen Sohn zum Essen eingeladen haben? Chrissie ist in unserem Hauskreis und hat gerade eine Scheidung hinter sich.

Es ist eine lange traurige Geschichte. Wir wollten nicht, dass sie und der Junge Weihnachten alleine sind.« Natürlich fanden wir das in Ordnung. Als große Familie sind wir es gewöhnt, dass fast immer noch ein paar zusätzliche Gäste dabei sind. Ich war gespannt auf die beiden.

Himmelblaue Augen

Sie kamen kurz vor Mittag und wir begrüßten uns. Der Junge ging gleich zu den anderen Kindern, die Frau wechselte ein paar Worte mit mir. Mir fielen ihre strahlend blauen Augen auf. Irgendwie kamen sie mir bekannt vor. Ich musste sie immer wieder anschauen. In einem der Kinderzimmer kamen wir ins Gespräch. Ich fragte sie, wo sie aufgewachsen sei. Das ist immer ein guter Anknüpfungspunkt, denn wir haben während der letzten über 40 Jahre in so vielen Teilen von Südafrika gelebt, dass wir fast überall Menschen kennen.

Chrissie erzählte mir mit größter Freimütigkeit, dass sie in einem Kinderheim aufgewachsen war, da ihre Eltern nicht in der Lage gewesen waren, sie selbst zu versorgen. Ihre Mutter lebte in einem

Heim für psychisch Kranke. Vorsichtig erkundigte ich mich, in welchem Kinderheim und in welcher Stadt sie damals untergebracht war. *Durbanville*. Da kam mir schlagartig das Bild eines kleinen elfjährigen Mädchens mit himmelblauen Augen ins Gedächtnis. Sie war bei unserem ältesten Sohn in der Klasse und während der drei Jahre, die wir in Durbanville (Vorort von Kapstadt) lebten, holten wir dieses kleine Mädchen öfter über das Wochenende zu uns nach Hause. Sie war ein richtiger Sonnenschein und unsere zu dieser Zeit noch vier Kinder hatten sie sehr gern. Ich schaute tief in die blauen Augen meines Gegenübers und hörte mich sagen: »Wir wohnten Ende der Siebzigerjahre in Durbanville und hatten manchmal ein sehr nettes Mädchen aus dem Kinderheim bei uns zu Gast. Sie hieß Christinchen.«

Chrissies Augen wurden noch runder und noch blauer und füllten sich dann ganz plötzlich mit dicken Kullertränen. »Mama«, sagte sie leise zu mir, »ich bin *Christinchen*!«

Wir lagen uns weinend in den Armen. Wir rechneten aus, dass es über 31 Jahre her war, seit wir uns zuletzt gesehen hatten. Christinchen war in ein anderes Heim in einer anderen Stadt verlegt worden, wo eine Schule war, die ihrem speziellen Bedarf mehr entsprach. Ich erzählte ihr, dass mein Mann und ich damals sogar mit dem Gedanken gespielt hatten, sie zu adoptieren.

Eine Adoption war jedoch nicht möglich gewesen, da beide Elternteile von Christinchen noch lebten. Von der Möglichkeit, sie als Pflegekind vorübergehend zu uns zu nehmen, wurde uns abgeraten. So baten wir Gott darum, uns doch noch weitere eigene Kinder zu schenken. Kurz darauf kam unser fünftes und drei Jahre später unser sechstes Kind zur Welt.

Somit war für uns ein völlig neuer Lebensabschnitt angebrochen, dazu folgten noch weitere Umzüge. Das Leben ging weiter und Christinchen war ganz und gar aus unserem Blickfeld verschwunden. Wenn wir wieder einmal in den Ferien am Kap waren und durch Durbanville fuhren, ging der Weg fast immer an dem Kinderheim vorbei. Dann fragten mein Mann und ich uns, was wohl aus *unserem Christinchen* geworden war.

Nun stand *Christinchen* leibhaftig vor mir, eine hübsche 42-jährige Frau und Mutter mit einer langen, bewegten Lebensgeschichte … Sie fiel mir wieder um den Hals und dankte unserem himmlischen Papa im Gebet dafür, dass wir uns wiederfinden durften. Auch ich stimmte ein: »Herr, danke! Das war mein schönstes Weihnachtsgeschenk, direkt von dir!«

Es wurde zu Tisch gerufen. Wir traten Arm in Arm ins Esszimmer. Alle blickten uns erstaunt an. Ich begann: »Bevor wir essen, haben wir beide euch eine unglaubliche Geschichte zu erzählen …«

Nie werde ich die erstaunten Gesichter meines Mannes, der Kinder und Enkel vergessen! Alle Augen waren feucht und es wurde ein richtiges Freudenfest. Wir spürten förmlich die Freude im Himmel über dieses Wiedersehen. *Danke, Jesus Christus, du hast uns so reich beschenkt. Nun haben wir sogar sieben Kinder*!

Freundschaft fürs Leben

Ilka und ich kennen uns seit 1945. Nach dem Krieg wuchsen wir in Wuppertal als Nachbarskinder im gleichen Haus auf. Ilka wohnte eine Etage über uns. Bereits als Dreijährige gingen wir gemeinsam in den Kindergarten. Wir haben miteinander gespielt, uns gestritten und immer wieder vertragen – eigentlich waren wir wie Geschwister. Wir gingen die ersten vier Jahre zusammen zur Schule, waren in derselben Klasse, hatten dieselben Freunde. Aber wir beide waren und blieben immer die besten Freundinnen.

Dann trennten sich zwar unsere Schulwege, aber wir wurden zusammen konfirmiert. Kurz darauf zogen wir allerdings um und Ilka und ich trafen uns immer seltener. Sie heiratete einen Wuppertaler und ich einen Südafrikaner. So hatten wir jahrelang gar keinen Kontakt mehr.

Ich kam erst in Südafrika 1970 zum lebendigen Glauben an Jesus Christus. Bei einem Deutschlandbesuch, 1974, gab mir jemand Ilkas Adresse und ich besuchte sie. Wir tauschten viele alte Erinnerungen aus und erkannten, dass wir beide Jesus lieb haben.

Das hat uns wieder sehr nahe zusammengebracht. Seitdem schrieben wir uns (heute per E-Mail).

Inzwischen bin ich oft wieder in meiner alten Heimat gewesen und mit einem Besuch bei Ilka und ihrem Mann hat es fast jedes Mal geklappt.

Schnell wieder vertraut

Als Großmütter haben wir uns sowieso viel zu erzählen und Fotos auszutauschen. Im September 2007 hatten wir gemeinsam Goldene Konfirmation in Wuppertal. Etwa 200 Gold-Konfirmanden sagten nochmals *Ja* zu Jesus, diesmal bestimmt viel bewusster als vor 50 Jahren. Aus unserer ehemaligen Gruppe von Konfirmanden waren wir noch 8. Wir haben uns gut unterhalten, es war herrlich, sie alle wiederzusehen. Es entstand auch vorübergehend ein Briefwechsel, aber nach einigen Jahren ist der wieder eingeschlafen. Was geblieben ist, ist die Freundschaft mit Ilka.

Ich freue mich schon darauf, sie beim nächsten Deutschlandbesuch wiederzusehen. Dann gehen wir zwei Wuppertaler Mädchen in die Friedrich-Wilhem-Straße und schauen uns unser ehemaliges

Zuhause von außen an. Und wir schauen bei der Unterbarmer Hauptkirche, in der wir konfirmiert und getraut wurden, vorbei. Wir sind auf einer Wellenlänge, denn in Jesus sind wir mehr als Freundinnen: wir sind Schwestern. Auch der Abstand von 10000 Kilometern kann da nichts dran ändern. Es ist eine Freundschaft fürs Leben, die ich für nichts eintauschen möchte. Sie ist mir kostbar, ein Geschenk Gottes. Danke Herr, für diese Freundschaft!

Weißt du noch?

Heute Morgen sind mein Mann und ich mal nicht so früh aufgestanden wie gewöhnlich. Wir blieben einfach gemütlich unter der kuscheligen Decke liegen und fragten uns gegenseitig viele Fragen, die alle mit »Weißt du noch?« anfingen. Das war nicht etwa ein Spiel, das wir geplant hatten. Nein, es kam ganz spontan. Und es tat *so* gut! Wir hatten mal wieder ein bisschen Privatkommunikation nötig.

Frauen müssen ja bekanntlich pro Tag mehrere tausend Wörter reden, um glücklich zu sein. Es gibt natürlich auch Ausnahmen. Ich kenne Männer, die ohne Punkt und Komma reden, sodass man als Frau direkt Komplexe bekommen könnte. In so einem Fall, der aber selten ist, schalte ich nach einiger Zeit einfach ab. Das habe ich bei meinem Mann gelernt. Er macht das so, wenn ich unaufhörlich rede. Ist sicher purer Überlebenstrieb.

Nun, heute Morgen war das ganz anders. Wir erinnerten uns gemeinsam an viele liebe und interessante Menschen, die schon durch unser Haus (beziehungsweise Häuser) gegangen sind. Und besonders an die, die längere Zeit unsere Gäste blieben. Und wir bedauerten, dass wir nicht gleich von Beginn unserer Ehe an ein Gästebuch geführt haben. Das hätte sicherlich nicht alles in ein Buch gepasst, also sagen wir lieber *Gästebücher*.

So viele Wohnorte und Gäste

Die Kurzversion von über 44 Jahren Gäste bei den Hills: Erst in Grahamstown in einem *Flat*, so nennt man hier eine Wohnung. Es war eigentlich eine Maisonette, zweistöckig und mit dünnen Mauern zu den Nachbarn rechts und links hin. Aber da wir noch keine Kinder und auch nur wenige Möbel hatten, gab es ein Gästezimmer.

Bei Versteigerungen erstanden wir einen Kleiderschrank und ein Extrabett für das Extrazimmer. Die beiden Schlafzimmer waren oben. Und das Badezimmer ebenfalls. Die Treppe führte hinunter ins Wohn- und Esszimmer, daneben lag die kleine Küche. Das war's. Für meine 500 Bücher, die ich in einer Schiffskiste mitgebracht hatte, baute mein Eheliebster Regale aus Ziegelsteinen und Holzplanken der Schiffskisten. Dann hatten wir noch ein winziges

Vorgärtchen und im ersten Stock einen noch winzigeren Balkon, auf dem eine Person bequem und zwei Dünne zur Not gemeinsam sitzen konnten.

Einer unserer ersten Besucher war der Kapitän, mit dem ich zwei Jahre zuvor von Kapstadt nach Calais auf seinem Frachter *Rigi* zurückgefahren war. Er hatte seinen Sohn auf die große Reise mitgenommen und sie legten in Port Elizabeth an, etwa 120 Kilometer von unserem Wohnort entfernt. Wir holten die beiden netten Ostfriesen dort ab. Wie lange sie bei uns zu Besuch waren, weiß ich nicht mehr. Aber dass wir eine fröhliche Zeit miteinander hatten, daran erinnere ich mich gut. Es muss Mitte Juli gewesen sein und unser erstes Kind sollte im August kommen.

Wir brachten unsere Seemänner-Besucher wieder zurück zum Hafen und durften eine Nacht auf dem Schiff übernachten. Dann wollte der besorgte Kapitän, der sich sozusagen als mein Vize-Papa sah, dass wir doch lieber wieder nach Hause fuhren, bevor das Baby kam. Und das war auch gut so, denn ein paar Tage später kam tatsächlich unser kleiner Sohn, zwei Wochen zu früh, glücklicherweise nicht auf dem Schiff zur Welt!

Familienzuwachs

Ende Juli zogen wir in ein kleines Haus, das wir von Freunden preiswert mieten konnten, um. Es hatte zweieinhalb Schlafzimmer und einen großen Garten. In das halbe Zimmerchen legten wir unser winziges Baby. Sechs Wochen nach seiner Geburt kam meine Mutter aus Deutschland zu Besuch und wir richteten ihr das Gästezimmer gemütlich ein.

Meine Mutter blieb vier Monate und genoss ihren ersten Enkel nach Herzenslust. Als unser zweites Kind zur Welt kam, waren wir schon im nächsten gemieteten Haus gelandet und meine Mutti, die nun auf den Geschmack des Fliegens und der Großmutterschaft gekommen war, erschien prompt wieder. Sie war damals schon über siebzig, aber noch topfit und genoss offensichtlich das Fliegen ebenso wie die Enkelkinder. Bei ihrem dritten und letzten Besuch war das dritte Enkelchen da und wir wohnten wieder woanders. Wir waren inzwischen ins Kap gezogen und wohnten in dem wunderschönen Städtchen Paarl. Diesmal hatten wir nach einigen Jahren so viel gespart, dass wir das Haus kaufen konnten. Unser erstes Haus! Mit Muttis Unterstützung konnten wir uns sogar den ersten VW-Bus leisten. Wir waren in den Wolken …

Leben in der Bude

In Paarl gab es auch immer viel Besuch, denn meine Schwiegereltern kamen fast jedes Wochenende. Es war lustig zu sehen, wie meine Mutter und meine Schwiegereltern miteinander kommunizierten. Meine Mutter verstand kein Englisch, so sprachen die Schwiegereltern ganz langsam und deutlich Afrikaans. Meine Mutter antwortete in Deutsch. Die Missverständnisse waren vorauszusehen! Einmal im Hochsommer ging meine Schwiegermutter durchs Haus und riss alle Fenster auf. Sie war so ein richtiger Frischluftfanatiker! Mutti war eher von der guten alten Sorte, denen es leicht zieht. Sie zog also auf ihrer eigenen Tour durchs Haus von Fenster zu Fenster und schloss diese schnell wieder. So beschäftigten die beiden sich recht lange, ohne sich zu begegnen. Jede redete mit sich selbst: »Also, ich hatte die Fenster doch gerade aufgemacht« (auf Afrikaans).

»Wer hat denn nun die Fenster wieder aufgemacht, das zieht doch schrecklich« (auf Deutsch). Es war wie in einem komischen Theaterstück – wir hatten jedenfalls unseren Spaß!

Nach einem sehr glücklichen Jahr in Paarl wurde mein Geologenmann nach Windhoek (Hauptstadt von Namibia) versetzt und es gab einen tränenreichen Abschied. Wir waren etwa 1500 Kilometer von unseren nächsten Verwandten entfernt. Hier wurde unser viertes Kind geboren, unser einziger Namibianer!

Gastfreundschaft

Besucher bekamen wir auch hier in Südwest, wie es damals noch hieß, jede Menge. Wie viele Missionare in den Jahren durch unser Haus gewandert sind, weiß ich nicht mehr genau. Aber wir haben sicher manchmal, ohne es zu wissen, Engel beherbergt.

Einer davon war Rabi R. Maharaj. Er war mit zwei »Kollegen« aus der Schweiz zu einem Missionseinsatz gekommen. Nebenbei schrieb er gerade an dem Buch »The death of a guru« (*Der Tod eines*

Gurus). Das hat mich damals sehr beeindruckt und bei mir entstand im Stillen der Wunsch, auch einmal meine Lebenserlebnisse aufzuschreiben. Aber mit vier kleinen Kindern war kaum Zeit für solche Extravaganzen.

Nach fünf Jahren zogen wir wieder in die Kapstädter Umgebung. Dort wurde unser fünftes Kind geboren. Drei Jahre später ging es weiter nach Alexanderbaai, ein Minendorf an die Grenze zwischen Namibia und Südafrika. Wir wohnten direkt am Oranjefluss, nicht weit von der Mündung in den Atlantischen Ozean. Hier kam dann unser sechstes Kind zur Welt. Wir hatten vier herrliche Jahre im sogenannten *Namakwaland*. Mein Mann war Minengeologe und wir wohnten im Diamantsperrgebiet. Auch dort haben wir viele liebe Besucher empfangen.

Nach weiteren vier Jahren zogen wir dieses Mal ins Ostkap, nach Port Elizabeth – einer Hafenstadt. Wir waren also einmal wieder nahe am Meer. Herrlich!

Angekommen

Letztendlich landeten wir dann doch wieder im Kap. Dort wohnten wir 14 Jahre in demselben Haus! Das war bei weitem unser Rekord. Über die vielen Jahre dort könnte ich ein ganzes Buch schreiben, denn das waren die Teenagerjahre unserer Kinder. Von hier aus gingen die Kinder dann eins nach dem anderen aus dem Haus. Schließlich erfüllten wir zwei Alten uns einen lange gehegten Wunsch und zogen in ein Küstendorf, direkt ans Meer.

Heute kommen unsere Kinder alle gerne wieder, mit ihren Kindern und ihren Freunden und deren Kindern. Sie können sich denken, dass wir dann *full house* haben hier in Hill's Song, jeden Sommer. Und so kommen immer neue gemeinsame und unvergessliche Erinnerungen hinzu.

Gottes Bewahrungen

»Himmlischer Vater, bitte umgib die Kleinen mit deinen Engeln, schütze und bewahre sie vor allem Unheil, besonders Joshua!«

Wir waren bei unserem Ferienhaus angekommen und fleißig am Auspacken. Alle freuten sich auf die gemeinsame Ferienwoche in unserem geliebten Bainskloof in den Bergen. Die Kinder konnten es kaum noch erwarten, endlich schwimmen gehen zu dürfen. Meine Tochter und ihr Mann boten an, die fünf Kinder schon einmal zum Fluss zu begleiten, sodass wir anderen Erwachsenen in Ruhe auspacken und uns einrichten konnten.

Fröhlich singend zog die kleine Schar los, alle bereits in ihren Badeanzügen, mit reichlich Sonnenlotion eingecremt und einem Sonnenhut auf dem Kopf. Nachdenklich schaute ich unseren Kindern und Enkeln hinterher. Wir gönnten ihnen die Erfrischung an diesem heißen Sommertag. Bald waren wir alle wieder beschäftigt und ich zog mich nach einer Weile in unser kleines Schlafzimmer zurück, um mich einen Augenblick auszuruhen. Ganz plötzlich überfiel mich eine unerklärliche Unruhe. »Herr, was ist los? Für wen soll ich beten? Ist jemand in Gefahr?« Der vierjährige Joshua erschien deutlich vor meinen inneren Augen und so betete ich ganz besonders intensiv für ihn das oben genannte Gebet. Danach kam ein tiefer Friede über mich und ich erinnerte mich mit großer Dankbarkeit daran, in wie vielen Gefahren unser treuer Gott unsere Kinder schon bewahrt hatte.

Immer wieder Schutzengel an der Seite

Vor vielen Jahren war unser ältester Sohn dort unten im Fluss fast ertrunken. Er konnte noch nicht richtig schwimmen, war von der kleinen Luftmatratze gefallen und der Fluss hatte ihn stromab getrieben. Dort erschienen am Ufer genau im richtigen Augenblick ein paar Wanderer, die ihn ergriffen und aus dem Wasser zogen. Ja, der Herr hatte seine Engel in Menschengestalt geschickt.

Auch unsere Töchter hat er bewahrt: die eine war direkt vor ein Auto gelaufen und der Fahrer konnte den Wagen wie durch ein Wunder noch im letzten Augenblick zum Stillstand bringen. Die jüngere war aus der offenen Schiebetür des noch fahrenden Minibusses gefallen und hatte nur eine tiefe Schnittwunde auf dem Kopf.

Unsere Jungs waren alle schon fast einmal ertrunken, der eine war schon mit dem Gesicht nach unten im Schwimmbad getrieben. Und unser Zweitjüngster war in einen leeren Kühlschrank geklettert und die Tür war hinter ihm zugefallen. Er war schon ganz blau im Gesicht, als wir ihn endlich entdeckten. Der Jüngste hatte ein Nierenproblem, von dem wir nichts wussten. Es war ein Wunder, dass der Spezialist das gerade noch rechtzeitig entdeckte und die Operation glückte. All das ging mir jetzt durch den Kopf und ich lobte Gott für seine wunderbare Bewahrung durch all die Jahre.

In letzter Sekunde

Als die Enkel und Kinder zurückkamen, waren sie ganz aufgeregt und redeten alle durcheinander. Jedes wollte die Geschichte erzählen. Nein, das Wasser war herrlich und die Gefahr ging nicht von dort aus. Auf dem Weg zum Fluss lief Joshua, der Kleinste, voraus. Der Weg ist so schmal, dass man nur hintereinander laufen kann. Kurz vor dem Fluss führt eine steile Steintreppe nach unten. Joshua hatte schon einen Fuß auf der Treppe, als seine kleine Cousine, die hinter ihm lief, die Schlange sah und aufschrie. Alle stoppten – da lag die dicke Puffotter zusammengerollt auf der Treppenstufe in der Sonne! Sie war so gut der Umgebung angepasst, dass Joshua sie nicht gesehen hatte. Aber wenn er auf sie getreten wäre …

Nun, das wollten wir uns lieber nicht weiter ausmalen. Wir hatten kein Schlangenserum bei uns und der nächste Arzt war weit entfernt. Aber unser himmlischer Vater war den Kleinen ganz nah und bewahrte sie wunderbar. Ihm sei Lob, Preis und Ehre!

Was aus der Schlange geworden ist? Sie blieb unversehrt. Mein Schwiegersohn hat sie vorsichtig mit einem langen Stock weit weg vom Weg befördert. Südafrikaner töten keine Schlangen, wenn es nicht unbedingt nötig ist. Wir sind alle sehr tierlieb. Man muss hier eben die Augen gut aufhalten.

Aber ich habe in diesem Moment meine erst einmal zugemacht und Jesus von Herzen gedankt, dass er mein Gebet erhört hat!

Kinder, Kinder …

Kaum sind wir bei unseren Kindern und drei Enkeln in Deutschland gelandet, da geht das Germany-Abenteuer so richtig los: Das Kaninchen bekommt vier süße Babys, genau pünktlich zu Ostern; die Enkelkinder haben Ferien und die beiden noch studierenden Kinder aus der Schweiz kommen zu Besuch. Da ist Leben in der Bude. Es wird erzählt und gelacht, gespielt und Essen gemacht.

Wir erleben einen Karfreitagsgottesdienst in Hessen, sehen viele altbekannte Gesichter, aber … ach, die Namen. Mein Mann flüstert mir ins Ohr: »Weißt du noch, wie die Leute da vorne in der zweiten Reihe links vor uns heißen? Die winken uns so freundlich zu.« »Keine Ahnung«, sage ich im gleichen Tonfall wie eine unserer Enkelinnen das macht, wenn ich sie frage, ob sie nicht weiß, wo ich gerade meine Brille hingelegt habe … Am Ostersonntag sind wir zu einem feierlichen Gottesdienst in der Nachbargemeinde. Ich genieße die festliche Musik der jungen Leute und finde es herrlich, dass ich mal nicht selbst für die Begleitung verantwortlich bin wie so oft in unserer kleinen Heimatgemeinde in Südafrika. Nachher kommen viele liebe Leute auf uns zu und mein Guter schaut mich Hilfe suchend an. *Die Namen???* Alle kennen seinen und meinen. Aber wir suchen fieberhaft in unserem Kurzzeitgedächtnis herum. Wo hatten wir die nun wieder gespeichert? Na ja, nicht jeden Tag sind Besucher aus dem südlichen Afrika da, nur so alle paar Jahre einmal. Mein Mann war vor drei Jahren zuletzt hier, ich vor zwei Jahren.

Er ist der mehr sachorientierte und ich die absolut menschinteressierte. Eigentlich eine gute Kombination, oder? Wir werden eingeladen, ausgefragt, umarmt und überall liebevoll bewirtet. Kinder, Kinder, es geht von einer Geburtstagsfeier zur nächsten und dann sind die Konfirmationen, Silber- und Goldhochzeiten dran. Wir treffen Leute, Leute, Leute: Verwandte, Freunde, Bekannte, Alte und Junge und viele Kinderchen.

Ruhiges Zuhause?

Bei meiner Tochter geht es im Haus zu wie in einem Taubenschlag oder Kaninchenstall. Es ist ein stetes

Kommen und Reden, Essen und Trinken. Ein Ausflug mit Picknick am See, ein paar Einkaufsbummel. Das Riesenangebot überwältigt uns. Meine bessere Hälfte wird zum Aldi-Fan und bringt jeden Morgen die Jüngste und ihre Freundin zum Kindergarten und dann im Rucksack eine Stunde später die neusten Schnäppchen aus der Stadt mit. Wie sollen wir das jemals alles in zwei Koffern unterbringen – auch wenn es noch so preiswert war?

Oma (das bin nun ich) schwirrt schon seit Tagen der Kopf. Ein Virus oder etwas Ähnliches lässt ihre Beine zu Pudding werden und sie liegt vier Tage flach. Wie verflogen ist die eben noch verspürte Lebenslust, das heiße Abenteuererblut steht fast still und die Füße sind so eisig kalt, dass zwei kleine Körnerkissen unzählige Male zwischen Omas bibbernden Zehen in den Wintersocken und der unermüdlichen Mikrowelle hin und her wandern. Aber auch das geht vorüber und die Nase wird wieder frei. Nur noch ein bisschen schlapp … und die Hustensaftflasche ist auch leer. Danke, Herr, es geht wieder bergauf!

Und weiter geht's

Der hoffentlich letzte Schnee auf den höher gelegenen Bergen schmilzt und der Bodenfrost muss Anfang Mai schließlich dem kommenden Frühling weichen.

Ich dachte immer, Südafrika sei das Land der Extreme. So meinte zumindest meine Mutter, als sie in den Siebzigerjahren bei uns ein paar Mal zu Besuch war. Sie meinte damals, dass man bei uns im Kap die vier Jahreszeiten an einem Tag erleben könnte. Aber so kam mir das hier letzte Woche auch vor. Als ich heute bei 27 °C die Wäsche aufhängte, da wunderte ich mich, wohin denn der lang ersehnte Frühling wohl so schnell verschwunden ist. Richtig hochsommerlich, herrlich, fast wie in Afrika. Da ist die Wäsche ja im Nu trocken!

Und überall Kinder: eigene Kinder, Nachbarskinder, die die Häschen streicheln wollen, besuchende Kleinkinder zwischen Spülmaschine und Herd ziehen durchs Haus. Die fabelhafte Küchenmaschine knattert, die alte Kaffeemaschine blubbert, eins der Kinder übt gerade Flöte … Mein geliebter Michael W. Smith, dessen CD meine Tochter mir zum Muttertag schenkte und die ich so gerne endlich einmal hören möchte, hat es schwer, bis zu meinen leicht gestressten Ohren durchzudringen. Ein anderes Mal, sage ich mir, wenn es etwas stiller ist.

Drei kleine Mädchen klingeln an der Vordertür. Sie suchen Spielgefährten. Wo sind denn nur die Enkel? Ach ja, eine ist zur Geigenstunde, eine im Hasenstall, und die dritte? Liegt gemütlich im Bett und liest ein Buch. *Gute Idee*, denke ich.

Mein Süßer hat sich längst wieder aus dem Staub gemacht. Er hat eine lange Fahrradtour geplant und eine gesunde Wegzehrung dazu eingepackt. Der liegt jetzt sicher gerade gemütlich unter einer Linde im Mischwald auf moosigem Boden und bewundert die Maiglöckchen. Oder er ist vielleicht auf einen morschen Hochsitz geklettert und beobachtet ein Reh am Waldesrand. In aller Stille. Dazu hat er sicher sein kleines Gideonstestament mitgenommen und macht in Ruhe Stille Zeit. Ich gönne es ihm.

Mir machen doch die Menschen mehr Spaß, vor allem die Kinder. Ich höre Vokabeln ab, obwohl ich Latein nie mochte und herzlich wenig Ahnung davon habe, übe die recht anspruchsvolle Altstimme mit meiner Tochter, obwohl ich ja ein Sopran bin und den 5/8-Takt leicht verwirrend finde. Ja, auf der CD klingt das so leicht. »Oma, kannst du mal deine Füße fürs Gummitwist so stellen?« Für die nächsten 10 Minuten ist Hüpfen angesagt. Aber ich brauche ja nur die Füße still zu halten, damit die Gummischnur die richtige Position behält. Ich schnappe mir das Strickzeug dazu, aber da ich die Lesebrille nicht in erreichbarer Nähe habe, fällt ziemlich bald schon die erste Masche runter. Lautes Rufen von draußen: Zwei Falken kreisen in der Luft und die Kaninchen sind in Gefahr! Alle rennen, um die Kaninchen in Sicherheit zu bringen.

Pause!

»Mama«, ertönt ein Hilferuf aus der Küche. Da dürfte etwas gefallen sein. Ich komme mir vor, als sei ich mitten in einer Pippi-Langstrumpf-Sendung, packe das Strickzeug in die Tüte, bevor der Hund es erwischt, und trete den unauffälligen Rückzug in die unteren Gemächer an.

Nur ein paar Minuten die Beine hochlegen, dann mache ich mich an die Bügelwäsche … Ich setze meine am Morgen unterbrochene Fürbitte für so viele Verwandte und Freunde, Alte und Kranke, Junge und Gesunde in liegender Position fort. Ach ja und für die Kinder. Da wir sechs von der Sorte haben mit Schwiegerkindern und bis jetzt zehn Enkeln dazu, komme ich selten auf einen Schwung bis ans Ende der nur in meinen Gedanken bestehenden Liste und bin meist vorher eingeschlafen. Wie gut, dass Gott das versteht und alles und alle in seiner starken Hand hat! Auch unsere Kinder, die ich so liebe und die dafür sorgen, dass es mir nie langweilig wird – besonders nicht als Großmutter.

M(L)äusegeschichten …

Neulich bekam ich per E-Mail ein Wort zugeschickt. Es war ein Vier-Buchstaben-Wort und man sollte immer nur einen Buchstaben verändern, wie zum Beispiel: faul – Maul – Maus – Laus – Haus – Haut – hart – Haar – … So ein Wörterspiel ist ja ganz lustig und ich habe es seitdem schon öfter mit meinen Enkeln auf Deutsch, Englisch und sogar Afrikaans gespielt. Aber wenn plötzlich aus der Mausgeschichte eine Lausgeschichte wird und man sie am eigenen Leib beziehungsweise Kopf erlebt, macht es nur noch halb so viel Spaß. Dafür gibt es aber umso mehr zu tun: Haare waschen, sprayen, kämmen und wieder waschen (mit Spezialshampoo bitte!), sprayen, kämmen. Und dann hat man Dutzende Maschinen Wäsche, alles wegen der zähen kleinen Viecher, für die man ja fast eine Lupe braucht.

Da lob ich mir doch eine *Mäusegeschichte*. So wie bei unserem letzten Besuch bei unserer jüngsten Tochter und Familie in Südafrika. Die Mäuse hielten sich bei ihnen, die sehr ländlich wohnen, hübsch und brav in der Küche auf und knabberten fleißig an allem, was nicht dicht verpackt war. Wir stellten eine Falle auf und schliefen unruhig, weil uns die niedlichen kleinen Mäuschen doch recht leid taten.

Groß war meine Freude, als ich am Morgen vernahm, dass leider keine Maus in die Käsefalle gegangen war. Mäuse scheinen äußerst intelligent zu sein.

Worüber keiner gerne spricht

Läuse dagegen … Ich weiß nicht, ob sie intelligent sind, aber dafür umso zahlreicher und widerstandsfähiger. So kleine Viecher, aber so viel Ausdauer! Schade, dass man das nicht in brauchbare Energie umsetzen kann. Oder hat jemand eine Idee? In der Bibel wird uns ja geraten, zur Ameise zu gehen und ihren Fleiß zu bewundern und ihr nachzueifern. Aber zur Laus zu gehen? Nein, das steht nirgendwo. Die Laus kommt lieber zu uns.

Als unsere Kinder noch zur Schule gingen, bekamen wir ab und zu sogenannte *Läusebriefe*. Die wurden allerdings sehr dezent verfasst. Es wurde nur von *Zuständen* geredet, nicht von Läusen. Aber jeder wusste, was das bedeutete. Heute nennt man die Tierchen wenigstens beherzt beim Namen. Schließlich sind Läuse weder eine Krankheit noch eine Schande, nur ein unangenehmer Zustand verbunden mit viel Umstand. Aber wer Verstand hat, macht keinen Aufstand und erledigt den Zustand mit Anstand. So ging es zumindest bei unserem letzten Besuch in Deutschland.

Es begann, genauso wie schon zu meiner Kinderzeit, damit, dass eins unserer Enkelkinder die Läuse aus der Schule mitbrachte. Da kommen sie immer her. Warum Läuse wohl so gern zur Schule gehen? Ob sie so besonders lernbegierig sind? Oder gar die Lehrer so sehr mögen? Oder den Kindern zu ein paar extra Tagen Ferien verhelfen möchten? Wie dem auch sei: im Haus unserer Kinder und Enkel, wo die Tierchen entdeckt wurden, starteten unzählige und sehr zeit- und geldaufwendige Aktivitäten, denen wir uns als besuchende Großeltern kaum entziehen konnten. Zwischendurch hing unsere Tochter ständig am Telefon, um viele gute und wohlgemeinte Ratschläge entgegenzunehmen. Denn, dass die Läuse ausgebrochen waren, hatte sich in Windeseile herumgesprochen und alle Hebel wurden in Bewegung gesetzt.

Zahnarzttermine, Kindergeburtstagsfeiern und Konzerte sowie Verwandtenbesuche wurden abgesagt. Wir waren unter Quarantäne.

Jeden Morgen fand unter der strengen Regie unserer Tochter eine ernst zu nehmende Läuseinspektion statt und da immer noch ein paar extra widerstandsfähige Läuschen erwischt wurden, war die nächste Haarwäsche angesagt. Inzwischen verbrachten wir als geduldige Großeltern die Zeit mit Wäsche aufhängen, bügeln, Geschichten erzählen und trösten. Freunde brachten Essen, extra Wäscheständer, Angebote von Wäschetrocknern und Wundermedizinen, die bei anderen geholfen hatten. Alle waren voller Mitgefühl und hatten vielfältigen Rat auf Lager. Meine Tochter griff auch kurzerhand zur Schere und verkürzte somit die Feinkämmereiarbeit um einige Zentimeter. Das ganze Haus wurde gesaugt, alle Betten abgezogen, alle Kuscheltiere verschwanden in der Waschmaschine, die tagelang kaum stillstand. Es war ein ständiges Suchen und Säubern, Kämmen und Kämpfen, Waschen und Warten … auf die nächste Laus!

So wurde uns die Zeit nicht lang und den Enkeln die Haare kürzer als gewöhnlich.

Nutztierchen?

Dass es uns im Zeitalter der Raumfahrt und Supertechnisierung noch nicht gelungen ist, die winzige Laus auszurotten, ist erstaunlich. Ob da Läuse in der Arche waren, frage ich mich nun im Nachhinein. Wenn ja, dann aber nur zwei und damit kann man leben. Es wird uns jedenfalls nicht berichtet, dass Noah und seine Familie eine Läuseplage in der Arche hatten. Wie hätten sie das auch wohl ohne Waschmaschine, Läuseshampoo, Haartrockner und Bügeleisen überlebt? Zwei Mäuse sind ja direkt nichts dagegen. Oder was meinen Sie? Wenn Sie die Wahl hätten? Was würden Sie sich zum Zeitvertreib wählen?

Unsere Tochter (die das Mäuseproblem hatte und inzwischen zwei Katzen als Problemlösung im Haus hat) musste so lachen, als sie meine Geschichte las. Und wissen Sie, was passierte? Ein paar Tage später kam ihr Kind mit den afrikanischen Kollegen der besagten deutschen winzigen Sorte, die mit *L* beginnt, aus der Schule. Und da ging bei ihnen das Läusetheater los. Glücklicherweise waren wir gerade nicht zu Besuch. Wir haben aber für eventuelle Läusefälle eine große Flasche bei uns zu Hause bereitstehen; und seitdem haben uns die kleinen ungebetenen Besucher geflissentlich verschont. Auch sind inzwischen auf beiden Seiten des Äquators die Haare unserer Enkelkinder wieder komplett nachgewachsen!

Und nun, im Nachhinein, lachen wir alle noch oft darüber.

Seitdem ich Großmutter bin …

…kann ich alles andere steh'n und liegen lassen und mich wieder für Frösche begeistern.

…kann ich über die Intelligenz und den Fleiß der Ameisen staunen, über die lustigen Sprünge einer jungen Ziege lachen, bei der Beerdigung des heißgeliebten, leider allzu abenteuerlustigen Kaninchens weinen, wütend über die blöde Katze der Nachbarn werden, die die süße kleine Maus totgebissen hat!

…kann ich stundenlang Geschichten erzählen, die ich mir selbst ausgedacht habe. Am liebsten Fortsetzungsgeschichten, die nie zu Ende gehen, deren Ende ich auch nicht kenne und deren Fortsetzung mich oft selbst überrascht. Die Helden sind möglichst sprechende Tiere und tapfere Kinder. Mir fallen auch zum Glück viele lustige Geschichten wieder ein, die meine Mutter mir erzählt hat, als ich noch ein Kind war.

…kann ich mich an so manche Streiche erinnern, die wir als Kinder den Lehrern gespielt haben.

…kann ich immer wieder dasselbe Lied auf der Flöte spielen oder zuhören, wenn meine Enkelin tausendmal »Happy Birthday« übt.

... kann ich mich schieflachen über Pingu und die Zwillinge, vor Heimweh mit Heidi in Frankfurt weinen, Bocksprünge vor Freude mit Peter und seinen Böcken machen. Da es keine Lianen im Garten gibt, an denen man sich von Ast zu Ast schwingen kann, klettere ich mit ins Baumhaus – und wir besuchen einen Urwald, mitten in Deutschland.

... lerne ich wieder Seilchen springen und das sehen, was du nicht siehst.

... kann ich mich auch so richtig ärgern, wenn ich einmal wieder beim »Mensch ärger dich nicht« verloren habe.

... kann ich im Garten Radschlagen üben und sogar auf Stelzen laufen, Roller fahren und Fahrrad schieben, von einem Schokoladeneis träumen und »Juchhu« schreien, weil wir morgen ins Schwimmbad gehen.

... kann ich Hausaufgaben ruhig doof finden, obwohl ich jahrelang selbst den Kindern welche aufgegeben habe.

... kann ich mit meinen Enkeln um Sonnenschein beten und in den Pfützen herumhüpfen, wenn's regnet.

Als Großmutter kann man einfach wieder Kind sein und sich sogar riesig über Schnee zu Ostern freuen. Versuchen Sie es doch auch einmal!

Hochs und Tiefs

Gestern wurde im Wetterbericht, den wir über Radio hörten, von einem kräftigen *Tief* gesprochen. Es soll einen erneuten Wintereinfall mit sich bringen und man erwartet wieder Schnee auf den höher liegenden Bergen. Da die Temperaturen heute sinken werden, holen wir wieder die dickeren Pullover aus dem Schrank. Hinter den Bergen, die wir durchs Fenster unseres Arbeitszimmers sehen können, türmen sich riesige grau-schwarze Wolken auf. Gegen Abend soll es stark regnen. Noch bläst ein rauer Wind aus Norden durch alle Ritzen. Auf der Ostseite, wo heute Morgen die Sonne aufgegangen ist, sieht man noch blauen Himmel und dicke, weiße Wattebausch-Wolken. Doch vom Küchenfenster aus können wir das Tief so richtig ankommen sehen.

Blickwechsel

Ist das in unserem Leben nicht ähnlich? Es kommt auf die Blickrichtung an. Konzentrieren wir uns auf die Tiefen, das Dunkle, Bedrohliche und Ungewisse in unserem Leben oder schauen wir getrost in die helle Richtung, nach oben?

Ich stehe manchmal irgendwo draußen in der Natur, wo ich alleine bin, und singe eins meiner afrikaansen Lieblingslieder: »Ek kyk op na die berge …« (Ich schaue auf zu den Bergen …). Es ist eine Vertonung des Psalm 121, der die Gedanken der Menschen wiedergibt, die auf dem Weg zum Tempel waren. »Ein Lied für Festbesucher, die nach Jerusalem hinaufziehen«, wie es die Bibelübersetzung *Hoffnung für alle* ausdrückt. Von der breiten Terrasse vor dem Tennisclubsaal aus, in dem wir uns sonntags zum gemeinsamen Lobpreis und »Gottes Wort hören« treffen, hat man eine besonders gute Aussicht auf die Berge, die Kleinmond umgeben. Dort lasse ich am Sonntagmorgen oft dieses »Wallfahrtslied« mit der Gitarre erklingen. Meine Gitarre, die ich seit 1964 fast immer dabeihabe, hat viele meiner Hochs und Tiefs miterlebt. Manchmal schreibe ich meine Erfahrungen mit Gott, meine geistlichen Erlebnisse, in Liedform auf. Die Psalmen eignen sich besonders dazu, da sie so aus dem Leben gegriffen sind, so echt und ehrlich. Vor allem die Psalmen von David sprechen mir so richtig aus der Seele.

Vor vielen Jahren, mitten in einem seelischen Tief nach einer Fehlgeburt, las ich Psalm 42 und 43 und schrieb eine Melodie zu dem Text: »Warum bin ich so mutlos? Warum so traurig?« Mitten im Tief! Doch dann ändert der Psalmdichter die Blickrichtung: »Auf Gott will ich hoffen, denn eines Tages werde ich ihn wieder loben, meinen Retter und meinen Gott!« Natürlich beginnt die Melodie traurig in Moll, aber dann endet sie in Dur und wird hell und froh!

Wechselfälle des Lebens

Und so ist es in meinem und sicherlich in Ihrem Leben auch, immer ein Wechsel zwischen Hoch und Tief, so wie zwischen Tag und Nacht, Sommer und Winter. Da wir als Menschen ja aus Erfahrung wissen, dass auch nach dem strengsten Winter doch wieder ein neuer Sommer kommt, halten wir durch und schauen nach oben. *»Nun aufwärts froh den Blick gewandt und vorwärts fest den Schritt! Wir gehn an unsers Meisters Hand und unser Herr geht mit.«* Wie oft hat meine geliebte Großmutter, die leider schon starb, als ich erst sechs Jahre jung war, das gesungen. Und durch wie viele Tiefs ist sie in den neun Dekaden ihres langen Erdenlebens gegangen. Aber ich habe sie nie klagen hören, sie hatte ein stets strahlendes Gesicht. Diese kleine tapfere Frau, die wie so viele Frauen ihrer Generation durch zwei Weltkriege hindurchging, fest im Glauben blieb und mir so viel von der Liebe Jesu vorgelebt hat, dass ich heute noch geistlich davon zehre.

Und so eine Großmutter, die ihre Kinder und Enkel treu im Gebet durch alle Hochs und Tiefs ihres Lebens begleitet, möchte ich auch sein!

Lebensherbst einer Eva

Es ist Herbst geworden hier im südlichen Afrika. Eine herrliche Jahreszeit, milde Luft, die Sonne sticht nicht mehr, die frische Brise vom Atlantik duftet heute besonders würzig. Wenn es ab und zu mal kurz regnet, dann bin ich am liebsten draußen und atme den besonders erdigen Duft tief und dankbar ein. So ist das hier im April.

Von Erde sind wir genommen, geht es mir durch den Sinn. Die Männer zumindest. Wir Frauen wurden ja vom Schöpfer aller Dinge höchstpersönlich fein und delikat aus einer Rippe konstruiert.

Oder war das nur Eva, die dieses Vorrecht hatte? Sie muss ja wohl noch andere Vorrechte gehabt haben, zumindest im Garten Eden.

Keine weibliche Konkurrenz, keine Haushaltsgeldsorgen, Wasserversorgungsprobleme, Ärger mit den Angestellten, keine verzweifelte Suche nach einem verlässlichen Babysitter. Weder Kampf um den Parkplatz noch Frust mit Stromausfällen und abstürzenden PCs, weder Solarium-Termine noch Nagelstudiobesuche, Frisörverabredungen, nicht endenwollende Elternabende, zeitraubende Supermarktkassenschlangen – und das Wort *Stress* war ihr auch bestimmt völlig unbekannt!

Aber halt, Schlangen lernte sie leider allzuschnell kennen – und eine reichte bereits, um den Paradiestraum für immer platzen zu lassen: keine Intimität mit Gottvater mehr, beschwerliche Schwangerschaften und mühsame Geburten, Streit mit dem Familienoberhaupt und noch viel mehr schlimme Folgen, unter denen manche vom schönen Geschlecht heute noch leiden. Arme Eva, armer Adam! Von ihm wollen wir lieber gar nicht erst reden. Das überlasse ich gerne irgendeinem zeitgenössischen Adam.

Und wir Frauen des 3. Jahrtausends?

Haben wir es doch gut, dass wir den zweiten Adam kennen! Den, der Mensch wurde, um uns für immer und ewig aus dem Schlamassel von Sünde und Tod zu befreien! Ob wir uns nun gerade im Frühling, Sommer, Herbst oder gar Winter unseres Erdenlebens befinden: es ist nie zu spät, sein Ewigeslebengeschenk anzunehmen – solange wir noch Atem haben. Wie wunderbar, in ihm echtes Leben und volle Genüge zu erfahren. Schon hier, auch im Herbst noch, trotz Alt- und Grauwerden.

Auch wenn die Sonne einmal nicht scheint und wir uns ab und zu einsam oder unverstanden fühlen, merken, dass wir langsamer werden, schon wieder die Brille suchen und den Zahnarzttermin total vergessen haben!

Mit 66 Jahren …

Das Lied »Mit 66 Jahren, da fängt das Leben an« klingt mir noch ab und zu in den Ohren. Und dann denke ich: »So ein Quatsch! Da habe ich aber ganz andere Erfahrungen gemacht. Mein leibliches Leben begann zwar zwischen Schutt und Asche, mitten im Zweiten Weltkrieg, aber mein geistliches Leben mit 27 Jahren!« Das ist eine lange abenteuerliche Geschichte. Die Geschichte eines Lebens, von Gott geplant und gelenkt und ganz anders und viel besser, als ich es mir hätte erträumen können.

66. Geburtstag

Meinen 66. Geburtstag feierte ich im Sommer in Deutschland bei unserer Tochter und ihrer Familie. Wir feierten bei strahlendem Sonnenschein im Garten mit unseren Kindern, Enkeln und ein paar guten alten deutschen Freunden. Als jemand meinte, dass angeblich mit 66 Jahren das Leben erst so richtig anfange, mussten wir alle darüber lachen, weil wir es besser wussten.

Den nächsten Geburtstag habe ich dann zur Abwechslung mal in Südafrika, meiner Wahlheimat seit über 40 Jahren, gefeiert.

Seit fast zehn Jahren bin ich dort Teil eines sehr lebendigen Frauengebetskreises. Wir treffen uns jeden Mittwochmorgen und genau auf einen Mittwoch fiel also mein 67. Geburtstag. Es war ein kühler, unfreundlicher Wintertag (auf der unteren Seite des Globus), der aber durch Gottes Liebe in Form von elf Freundinnen, die mich mit wunderbaren Zusagen aus Gottes Wort stärkten und mit Handauflegen und speziellen Gebeten segneten, erhellt wurde.

Das machen wir immer sehr spontan in unserer kleinen und intimen Gebetsgemeinschaft, wo wir stets Freud und Leid miteinander teilen. Gottes Geist wirkt so spürbar, dass ich mich manchmal schon fast wie im Himmel fühle. Wir sind so unterschiedlich und doch so eins – in Jesus eben.

Wir beginnen meist mit einer Zeit der Stille oder lauschen einem Anbetungslied, dann folgt Lobpreis und Dank für Gottes unverdiente Güte und für so viele erhörte Gebete. Und die Freude im Herrn ist einfach ansteckend. Wir lachen und weinen miteinander. Wir beten für viele Anliegen und lassen uns Zeit damit. Und oft trinken wir als Abschluss noch miteinander Tee. Zu den Geburtstagen gibt's dann noch zusätzlich Kuchen und kleine Geschenke.

Alterserscheinungen?!

Außer Jesus Christus haben wir alle aber noch etwas, das uns miteinander verbindet: das zunehmende Alter und die damit verbundenen Schwächen und Eigenheiten.

Wir merken, dass unser Arbeitstempo langsamer wird, dass wir schneller ermüden und auch die Konzentration nachlässt.

Beim gemeinsamen Nachschlagen eines Bibelverses heißt es dann oft: »Wie bitte? Galater? Welches Kapitel noch mal?«

Nicht richtig verstanden? Mehrere aus unserem Kreis haben Hörgeräte, mit denen sie nicht immer so gut zurechtkommen. Und ob mit oder ohne – manches wird verkehrt oder gar nicht gehört und vieles muss wiederholt gesagt werden. Wir lernen, Geduld miteinander zu haben. Denn wenn es nun ans Lesen geht, kommt gleich das nächste Hindernis: Neben den Ohren werden ja leider auch die Augen bei manchen schwächer. Alice sucht ihre neue Lesebrille. Sie hatte sie doch auf das Tischchen gelegt … Ach so, Louise hat sie auf der Nase! *»Entschuldigung, ich dachte, das sei meine!«* Der Rahmen sieht so ähnlich aus wie ihrer. Sie hat sich schon gewundert, dass sie heute nicht so gut sehen kann. Wir müssen alle erst einmal herzlich lachen.

Liesbeth hat ihre Lesebrille an einer hübschen Kette um den Hals hängen und gibt uns den Rat, es ihr nachzumachen. Aber einige haben da Bedenken. Die Brille könnte doch leicht zerquetscht werden, wenn wir uns so herzlich mit Umarmung begrüßen. Und darauf wollen wir auf keinen Fall verzichten. Dazu muss ich vielleicht erklären, dass die Südafrikaner sich meist sehr herzlich begrüßen und wir Gebetsschwestern halt noch um einiges herzlicher und noch fester. Und je nachdem, wo die Brille dann gerade hängt, könnte das lebensgefährlich werden – für die Brille. Und schon wieder lachen wir, dass die Tränen kommen, mir zumindest.

Wo ist sie nur??

Zum Thema *Brille* könnte ich Bücher schreiben, wie man so sagt. Und seit meiner ersten Kataraktoperation (*grauer Star*) vor Kurzem ein Extrakapitel.

Nach der ersten Operation vor ein paar Wochen ging mir im wahrsten Sinne des Wortes das Auge auf. Alle vom »Grauen-Star-Club« wissen sicher, was ich meine. Ich dachte immer, dass ich ja doch noch einigermaßen gut sehen könnte – bis auf nachts am Steuer. Also bestimmt habe ich keinerlei Verwandtschaft mit einer Nachteule. Mein Mann meinte, ich sei eben nachtblind, und ich wollte mich bereits damit abfinden. Aber dass ich dann schließlich immer gleich drei Verkehrsschilder sah statt einem? Eine Fata Morgana?

Nun sehe ich wieder nur ein Schild bei Nacht und tagsüber den Staub auf der Fensterbank schon von Weitem. Letzteres ist ja nicht unbedingt immer ein Vorteil. Auch die Farben sind viel frischer und ich kann die Wale, die aus dem Meer auftauchen, und die Fischerbote auf den Wellen mit dem bloßen Auge erkennen! Das macht mich so dankbar, statt grau wieder bunt sehen und leben zu können.

Aber, aber. Inzwischen ist ja nun auch das zweite Auge gelasert und nun brauche ich natürlich eine Brille zum Lesen, Schreiben und am PC. Die ständige Frage an meinen lieben geduldigen Mann, dessen einzige Brille von morgens bis abends ruhig auf seiner Nase sitzt, während bei mir mindestens drei verschiedene sich ständig irgendwo im Haus verstecken: »Hast du vielleicht meine Brille gesehen?« *»Sonnenbrille, Lesebrille, Computerbrille! Wo seid ihr nur?«*

Manchmal finde ich sie an den unmöglichsten Stellen, vor allem, wenn ich sie gerade nicht brauche, zum Beispiel im Kleiderschrank. Nein, im Kühlschrank bisher noch nicht. Aber wenn sie sich auch dort verstecken würden, würde es mich schon fast nicht mehr wundern ... Hauptsache, die, die ich gerade dringend gesucht habe, ist wieder da! Na danke.

Weitere gemeinsame *Alterserscheinungen* (in unserem Frauenclub) sind wohl auch, dass die Knochen quietschen oder knacken, kurzum: die Beweglichkeit lässt nach. Themen wie Hexenschuss, Schulterverspannungen, Bandscheibenvorfall, schmerzende Kniescheiben zusätzlich zu hohem Blutdruck und Kreislaufstörungen gehören nicht nur wie von selbst zu den häufigsten Gesprächsstoffen bei gemütlichen Kaffeekränzchen und Seniorentreffen. Sie werden auch in unserem Gebetskreis beherzt angeschnitten. Nur mit einem Unterschied: Wir beten dann immer gleich dafür, denn dass Gott derselbe ist, gestern, heute und in alle Ewigkeit, dass er heilt, verbindet, lindert, tröstet, wieder aufrichtet und uns neue Kraft und Lebensmut schenkt, das erfahren wir alle täglich – egal, ob wir 68, 75 oder 82 sind.

Und die Freude auf die Ewigkeit bei Jesus, ohne all die Verschleißerscheinungen und Schmerzen, überwiegt!

Mach mal Pause!

Sagen Sie sich das auch so ab und zu? Ganz früher, als wir noch zur Schule gingen, da gab es die Pausen zwischen dem Unterricht, die hatten die Schüler und sicherlich auch die Lehrer dringend nötig. Später, als Studenten, hatten wir Pausen zwischen den Vorlesungen, damit wir schnell etwas in der Mensa essen oder trinken konnten. Dann gab es eine Frühstücks- und eine Mittagspause bei der Arbeit, oder? Aber vielleicht sind Sie von der Sorte, die sich einfach keine Pausen gönnt? Dann sind Sie ein Kandidat oder eine Kandidatin für *Burn-out!* Warum lässt sich der Mensch nur so leicht jagen? Ich habe mir schon so oft vorgenommen, mich einfach von nichts und niemandem mehr jagen zu lassen. Aber so einfach ist das gar nicht.

Inzwischen sind mein Mann und ich pensioniert und sollten ein etwas langsameres Tempo handhaben, aber das klappt meist nicht. Es gibt doch so viel zu tun. Und da alles langsamer geht, je älter man wird, hat man noch weniger Zeit als früher!

Ist alles, was wir täglich tun, denn wirklich nötig? Und hat der Tag wirklich noch 24 Stunden so wie früher? Warum werde ich denn so schnell müde?

Vielleicht sollte ich etwas langsamer die Treppen hinaufsteigen oder heruntergehen? Aber das sieht dann zu *sehr nach Oma* aus. Doch, da fällt mir gerade ein, dass ich ja seit fast dreizehn Jahren schon eine echte Oma bin! Warum mache ich dann keine richtige *Omapause*? So ein herrliches Mittagsschläfchen wäre gar nicht zu verachten. Nur heute einmal.

Ja, das hat gutgetan. Nur leider klingelte das Telefon gerade, als ich noch mitten im Traumland war. Vielleicht sollte ich es einfach abstellen, wenn ich wieder mal ein Schläfchen am helllichten Tage brauche? Und was werden die Nachbarn wohl denken, wenn ich die Gardinen zuziehe? Ich schaue nochmals kurz hinaus – die haben auch die Gardinen zugezogen! Da bin ich wohl doch nicht die Einzige hier in der Gegend, die sich mal eine ausgiebige Siesta gönnt?

Oder wie wäre es mal mit einer gemütlichen Kaffeepause? Ich lade mir ein paar Freundinnen in meinem Alter dazu ein. Manchmal klappt so eine Kaffeepause auch mit meinem Eheliebsten, wenn er nicht gerade wieder schnell hierhin oder ganz fix dahin mit dem Fahrrad flitzen muss. Bei ihm muss immer alles möglichst *schnell* gehen. Aber ab und zu legt er sich mittags zum Nachrichtenhören auch mal aufs Bett und dann drehe ich, wenn die Nachrichten vorbei sind, ganz vorsichtig das Radio leiser, immer leiser und noch leiser ... Dann macht er endlich auch mal eine wohlverdiente Pause, der Gute! Obwohl er natürlich überhaupt nicht müde war und sich wundert, wie ihm das passieren konnte!

Pause zu machen, versuche ich auch ganz bewusst einmal mit meinem regen Mundwerk. Einfach einmal ganz still werden und auf Gottes Stimme hören. Und die Geräusche der Natur ringsum in mich aufnehmen. Das Geräusch des Meeres höre ich besonders gerne. Die Stimmen der verschiedensten Vögel auch. Auf die heiseren Stimmen der Nachbarhunde könnte ich verzichten. Aber irgendwann machen die zum Glück auch einmal eine Pause.

Pausen gibt es ja auch in der Musik, und die sollte man genauestens einhalten, sonst geht es mit dem Rhythmus durcheinander. Pause – *Sela,* so heißt es bei manchen Psalmen. Zeit zum Nachdenken, Meditieren, Stillwerden vor Gott …

Also, ich nehme mir vor, in Zukunft mehr Mut zur Pause zu haben. Mein Körper wird mir schon sagen, wann es Zeit für eine Pause wird. Wenn ich gerade auf dem Küstenwanderweg bin, dann setze ich mich auf die nächste Bank und schaue, ob ich einen Wal spritzen sehe oder vielleicht sogar springen?

Wenn ich nicht öfter Pausen mache, verpasse ich so viel Schönes. Heute war es ein besonders farbenprächtiger Regenbogen, den ich überhaupt nicht gesehen hätte, wenn ich nicht gerade Computerpause gemacht hätte!

Einer meiner Schüler meinte früher mal strahlend, *das Schönste an der Schule wären für ihn die Pausen.* So ein ehrlicher Lebenskünstler möchte ich auch gerne werden!

Dafür ist es doch hoffentlich noch nicht zu spät, oder?

Gott selbst hat nach der Schöpfung eine ordentliche Pause gemacht. Sicherlich nicht, weil er erschöpft war, eher um sich in aller Muße daran zu erfreuen.

Und ich freue mich jetzt schon auf unseren nächsten Urlaub. Dann können wir uns so richtig in aller Ruhe an seiner wunderbaren Schöpfung erfreuen.

Müde bin ich, geh zur Ruh …

Zur Geburt unseres ersten Kindes bekamen wir eine wunderschöne deutsche Spieluhr geschenkt. Sie spielte unentwegt »Müde bin ich, geh zur Ruh …«, ein altbekanntes Abendgebet in Liedform. So etwas gab es damals in Südafrika noch nicht. Alles Fortschrittliche und Superschöne kam natürlich immer in liebevoll verpackten Päckchen von der *Oma Deutschland* oder lieben deutschen Freunden. Manchmal kamen die Päckchen leider nicht an oder sie landeten geöffnet und halb leer … Damit muss man in Afrika (und nicht nur dort) leider rechnen. Aber das ist uns zum Glück nur ganz selten passiert.

Besagte Spieluhr in der Form eines Zwerges mit Bart und blauer Zipfelmütze hat jahrelang treue Dienste geleistet und die Hill-Kinder immer wieder sacht ins Traumland befördert. Und uns Eltern auch manchmal. Vor allem, wenn die Spieluhr gegen Ende immer langsamer wurde, fielen uns auch schon fast die Augen zu. Dabei gab es doch gerade, wenn die Kinder im Bett waren, immer noch so viel zu tun!

Von Natur aus war ich eigentlich früher eher ein *Abendmensch*. Nein, kein Nachtmensch. Aber abends wurde ich meistens erst so richtig munter, wenn meinem guten Mann fast schon die Augen zufielen. Er ist eben ein typischer *Morgenmensch*.

Aber wie die Kinderchen nach und nach kamen, wurde ich nach einem langen Arbeitstag auch immer früher am Abend schläfrig.

So wurde ich, wohl oder übel, zum *Morgenmenschen*. Schließlich wollen Babys um 6 Uhr morgens gestillt werden (damals ging das ja alles ziemlich streng nach der Uhr). Ich hatte leider kein Mütterlein in der Nähe, um mir Rat zu holen, und sie hatte ja auch mit mir, dem einzigen Kind, nicht gerade allzu viel Erfahrung.

Ich kaufte mir auf Anraten einiger südafrikanischen Mütter in meinem Bekanntenkreis eine Ausgabe von Dr. Spock. Er und seine Erziehungsmethoden waren später sehr umstritten. Mir hat sein Rat jedenfalls durch manche Koliken, Durchfälle, Milchallergien, Zahnen, Röteln, Mumps und Wasserpocken hindurchgeholfen – natürlich immer mit dem treuen Müde-bin-ich-geh-zur-Ruh-Zwerg im Hintergrund.

Unendlich müde waren wir auch jeweils nach den 14 Umzügen. Denn auch die gingen nicht ganz so, wie man das in Deutschland kennt, vonstatten. Das meiste mussten wir stets selbst ein- und wieder auspacken und schleppen. Auch unser geliebtes Klavier wurde irgendwann vom vielen Umziehen müde und bekam einen Riss in seinem Rahmen, der nicht mehr zu reparieren war. Wir haben inzwischen einen sehr tüchtigen Klavierbauer und -stimmer gefunden, der es jedes Jahr mit größter Vorsicht und Geduld stimmt. Leider ist es fast einen halben Ton zu tief. Aber höher geht es bei diesem Patienten beim besten Willen nicht mehr. Das wäre lebensgefährlich für Mister Piano. Er ist einfach müde. Aber sein Klang ist noch so gut. Umziehen sollten wir mit ihm allerdings nicht mehr. Also müssen wir eben dem Klavier zuliebe auf weitere Umzüge verzichten!

Nun verstehen Sie sicher auch, warum wir noch nicht in einem Seniorenheim zumindest auf der Warteliste sind? So müde sind wir ja nun schließlich auch noch nicht und bei weitem noch nicht so alt wie unser *Piano*, das nicht mehr *forte* will.

Fotos, Fotos, Fotos

»Bitte recht freundlich«, sagte man früher, wenn man eine Gruppe von Freunden oder Verwandten fotografieren wollte. Heutzutage sind gestellte Fotos nicht mehr so gefragt. Man macht eher Schnappschüsse.

Ich schaue mir immer wieder gerne die schönen alten Sepiafotos von meinen Ahnen an. Meinen Großvater, der bereits 1914 starb, kenne ich zum Beispiel nur von Fotos her.

Die Fotografen damals im 19. Jahrhundert verstanden auf jeden Fall die Kunst des Fotografierens. Die uralten Fotos, teilweise weit über hundert Jahre alt, sind noch immer in gutem Zustand. Das spricht doch für eine ausgezeichnete Qualität des Fotopapiers. Das war eben noch in der guten alten Zeit, nicht wahr?

Viele unserer Farbfotos aus den Achtzigerjahren, als unsere Kinder noch klein waren, sind so verblichen, dass man sie eigentlich wegwerfen sollte. Aber wer bekommt das schon übers Herz? Ich jedenfalls nicht!

Auch so manche meiner alten Schwarz-Weiß-Schulfotos aus den Fünfziger- und Sechzigerjahren sind schon vergilbt oder von den kleinen hungrigen Silberfischchen (die man hier übrigens *Fischmotten* nennt) angeknabbert. Ich habe so einige von diesen Fotos eingescannt, um sie zu retten. Den Fischmotten dagegen habe ich den Krieg erklärt, aber das lässt sie anscheinend völlig kalt.

Es ist so wie mit den Ameisen oder den Maulwürfen. Man bekommt sie einfach nicht weg. Wenn man zehn vernichtet oder vertreibt, kommen zwanzig neue und machen fleißig weiter.

Hier geht es mir nun um die Erhaltung der kostbaren Fotos. Ich retuschiere sie auf meinem *Picasa*-Programm und die ursprünglich schwarz-weißen sehen auch sehr gut in Sepia aus, vor allem die Hochzeitsfotos.

Der Foto-Club

Ansonsten gehöre ich hier am Ort zum Foto-Club. Wir treffen uns monatlich und geben unsere beiden besten Fotos zu einem bestimmten Thema, in 10x 15-Größe auf weißen Hintergrund montiert, ab. Sie werden dann von einem Berufsfotografen beurteilt. Er gibt uns auch sehr gute Tipps, wie man die Qualität der Fotos verbessern kann. So entwickelt man mit der Zeit ein Auge für Motive. Um das Ganze noch interessanter zu machen, gibt es auch Preise, und das spornt natürlich die Seniorenamateurfotografen an. Es gehören übrigens auch einige jüngere Semester zum Klub!

Zum Thema *Früchte* gewann ich letztes Jahr den zweiten Preis mit einem Foto von roten Johannisbeeren am Busch. Das Bild war scharf, die Belichtung gut. Es war natürlich in Deutschland aufgenommen in einem wunderschönen Obstgarten von Verwandten in Hessen. Alle waren begeistert, aber keiner kannte Johannisbeeren. Manche meinten, es seien kleine Kirschen.

Zum Abschluss des Abends wird beim Foto-Club immer eine Reise anhand von ausgesuchten Fotos gezeigt. Ich habe bereits einmal so einen Vortrag über unsere Israelreise gehalten (mit etwa 200 Fotos). Das Ganze ist sehr informell und man kann Fragen stellen, Vorschläge machen, auch Witze sind erlaubt. Wir lachen gerne, besonders über komische Fotos oder originelle Kommentare dazu.

Nachher wird noch bei einer Tasse Tee weiter gefachsimpelt.

Wir sind auf diese Art und Weise schon durch die Kalahari, durch Botswana, Namibia, Ungarn und Australien … gereist. Viele, die zum Foto-Club gehören, sind Weltenbummler oder Abenteurer. Manche besuchen einfach nur ihre Kinder irgendwo in Übersee, zum Beispiel in Neuseeland oder Kanada; andere machen Touren mit oder ohne Reisegruppen. Es sind alles Leute, die Abenteuer lieben und die Welt sehen möchten, die sich ihren Lebenstraum verwirklichen, solange sie es noch können. Da fühle ich mich in guter Gesellschaft. Da man ja schließlich nicht ständig die ganze Welt bereisen kann, ist so ein gemeinsamer Fotoabend eine wunderbare und in mancher Beziehung auch bequemere Reisemöglichkeit – und ganz gewiss eine sehr preiswerte!

Besondere Schwalben

Die meisten Europäer, die ich kenne, sind sonnenhungrig. Kein Wunder, wenn der Winter so lange anhält und die liebe Sonne oft tagelang nicht zum Vorschein kommt. Die Sonnensucher, die es sich leisten können, ziehen im europäischen Winter besonders gerne nach Süden, so wie die Schwalben. Manche suchen die Sonne in Sardinien oder Spanien, auf Kreta oder in Kroatien, auf Teneriffa oder in Tunesien. Es gibt aber auch die Sorte Sonnensucher, die den langen Flug nach Südafrika nicht scheuen und sich dort an der schönen Kapküste irgendwo entweder eine hübsche Wohnung mieten oder sogar ein Haus kaufen und hier Jahr für Jahr den Sommer genießen und auf die Weise ein paar Monate weniger vom eisigen Winter in Europa mitbekommen. Gewiss keine schlechte Idee. Wir nennen diese Leute aus Europa, die immer wieder kommen, die *Schwalben*.

Bekanntlich macht eine Schwalbe ja noch keinen Sommer, aber sogar in unserem kleinen Küstenort mehren sich die Schwalben von Jahr zu Jahr. Genug Wärme und Sonne bekommen sie hier garantiert.

Ab November spätestens treffen die besonderen Schwalben hier ein und bewohnen die Ferienhäuser, die den ganzen Afrika-Winter hindurch leer gestanden haben. Sie bevölkern die Geschäfte und Restaurants und beleben die Wirtschaft sowie auch unsre Strände. Man hört plötzlich holländische, flämische, deutsche, irische, schwedische, italienische und andere europäische Klänge und kommt manchmal während eines Spaziergangs an der Küste entlang mit einigen von ihnen ins Gespräch. Mit ein paar solchen netten *Schwalben* haben wir uns schon richtig gut angefreundet. Sie lieben Südafrika, tanken Sonne und Wärme, schwimmen, wandern, fotografieren, malen, machen Ausflüge und kennen sich in unserer wunderschönen Umgebung oft besser aus als wir, die schon jahrelang hier leben. Nun ja, sie machen eben Urlaub, wir wohnen und wirken hier.

Gegen den Strom

Ich war jahrelang eine *Andersrumschwalbe*, also eine, die hier vor dem oft sehr ungemütlichen Kapwinter flüchtete und den Sommer und die Sonne in Europa suchte. Ich flog also meist im Mai gen Norden, verbrachte ein paar Monate in Deutschland, Schottland und der Schweiz, wo ein Teil unserer Kinder lebt, und kam dann, wenn es in Europa Herbst wurde, wieder nach Südafrika zurück, wo dann gerade der Frühling begann.

Doch irgendwann fing ich an, den Winter zu vermissen und alles, was damit zusammenhängt, wie zum Beispiel ein gemütliches Kaminfeuer, ein eisiger Hagelschauer, Raureif auf dem Rasen und nachts das einmalige Geräusch der ersten Wale, die uns meist schon im Juni besuchen. Sie lieben, genau im Gegensatz zu den Menschen, das kalte Wasser und kalben meist im September an der Südkapküste.

Wenn ich an südafrikanischen Winter denke, dann denke ich an über offenem Feuer gebratenen *Snoek* (Fisch, den es nur im Kap gibt) , *Potbrood* (Brot das im Topf über dem Feuer gebraten wird) und *Bobotie* (südafrikanisches Gericht), gebackenen Pudding und Glühwein).

Im Winter gibt es hier auch herrliches Obst wie Apfelsinen, Mandarinen, Guaven und Papayas. Außerdem Avocados, frisch vom Baum. Im Naturreservat blühen die vielen verschiedenen Sorten *Proteen* und einige auch in den Gärten. Die Meereswogen sind oft bis zu sechs Meter hoch und wenn man dann, wenn es früh dunkel wird, auch früher ins Bett geht, ist eine elektrische Wärmedecke ein Genuss!

Das verpassen die Schwalben leider alles, weil sie ja ab März, spätestens April, wieder heimwärts ziehen und sich dann schon auf den Frühling mit den ersten Schneeglöckchen, Krokussen und Osterglocken in Europa freuen. Aber man kann im Leben nicht alles haben.

Nun mögen ja bekanntlich alte Knochen Kälte nicht so sehr und Eis und Schnee ist sicher auch eher etwas für Kinder und junge Leute, die Ski laufen und Snowboard fahren. Aber der Körper braucht auch den Wechsel der Jahreszeiten. Gott hat es sicherlich nicht umsonst so eingeteilt. Immer nur Sommer und Sonne? Kann das auf die Dauer gut sein? Bei mir hatten sich schon ernste Hautschäden durch zu viel Sonne bemerkbar gemacht. Und nun hab ich mir vorgenommen, den Winter im Kap so richtig zu genießen, auch wenn mir ab und zu mal die Zähne klappern und die Zehen fast einfrieren.

In der Schule haben wir früher in Deutschland *Winter ade, scheiden tut weh* gesungen.

Na, ich werde nicht traurig sein, wenn die Tage wieder länger werden und die Nächte kürzer, aber ein bisschen Winterschlaf tut dem Menschen auch gut. Sommer und Winter, Tag und Nacht – hat unser Schöpfer sich das nicht wunderbar ausgedacht? Wir brauchen beides. Ich bin dankbar, dass ich schon so viele Sommer und Winter erleben durfte, viele in Deutschland und noch viele mehr in meiner Wahlheimat Südafrika!

Regenbogenreise

Nach zwei Jahren können mein Mann und ich einmal wieder von Südafrika nach Deutschland fliegen. Hurra! Wir sehnen uns nach den Kindern und Enkeln, die dort leben, und das Reisefieber macht sich breit. Am 16. April geht es vormittags los. In unserem Küstenort hängen die Nebelwolken tief über dem Berg, ein letzter Blick zurück auf unsere neue Heimat seit fast neun Jahren. Gott schenkt uns zum Abschied einen speziellen *Regenbogen*, direkt über dem Meer. Das tut er manchmal, gerade an ganz besonderen Tagen, und dann erinnern wir uns gern an sein Versprechen, das er schon Noah damals gab. Das Meer ist komplett aufgewühlt und grüne Wellen mit Schaumkämmen, die durch den kräftigen Südostwind aufgepeitscht werden, wehen über die Oberfläche des Ozeans. Darin sehen wir des Schöpfers starke Hand und staunen erneut über seine unendliche Kraft! Der Herbstwind aus dem Südosten schiebt riesige *Sahneballenwolken* über die Berge, die entlang der Küstenstrecke aufragen. Wir schauen während der etwa hundert Kilometer langen Fahrt zum Flughafen auf zu den Bergen. Woher kommt unsere Hilfe? Von dem Herrn, der Himmel und Erde und das unendlich erscheinende Meer gemacht hat (siehe Psalm 121). Der Regenbogen wandert mit uns! Auf der Schnellstraße Richtung Kapstadt fegt eine Menge Sand über die Fahrbahn – fast als wären wir in einem Sandsturm, wie wir ihn vor Jahren in Namibia erlebt haben.

Es ist trocken und wir brauchen dringend Regen! Ein Feuerwehrauto hat es eilig und wir fragen uns, wo es denn wohl jetzt schon wieder brennt? (Später, in Deutschland, erfahren wir über Internet von einem schlimmen Brand in einem Naturreservat unweit von unserem Reiseweg, bei dem auch elf Häuser abgebrannt sind.) Es wird immer dunstiger, je weiter wir in Richtung Kapstadt fahren – Auswirkungen des Brandes. Welche Gewalten: Wasser und Feuer. Und da mitten drin wir kleinen Menschen, die doch Gott so wichtig sind! Wow! Ist das ganze Leben nicht ein Riesenerlebnis, ein aufregendes und manchmal sogar atemberaubendes Abenteuer? In gut zwei Stunden geht unser Flieger. Wir sollten uns beeilen!

Unseren Wagen stellen wir bei den Kindern ab und grüßen sie und die geliebten Enkel in Eile. Unser jüngster Sohn und sein Kleiner bringen uns zum Flughafen. Kurzer Abschied – denn wir stehen im Parkverbot … Noch einmal winken und weg sind sie. Wir beiden *Ollen* schauen uns an: Das Abenteuer kann beginnen.

Deutschland, wir kommen!

Es geht via Dubai – die Warteschlange ist schon ziemlich lang, aber unser Gepäck hat kein Übergewicht (und wir zum Glück auch nicht). Noch vor der Passkontrolle danke ich dem Herrn im Stillen noch einmal für das Wunder, dass mein neuer Pass schon nach sieben Wochen kam, statt, wie uns erst gesagt wurde, nach sechs bis acht *Monaten*. So gibt unser Vater uns das grüne Licht, und manchmal sogar einen ganzen Regenbogen! Als wir im Flieger sitzen und noch eine halbe Stunde warten müssen, da ein Fluggast nicht aufgetaucht ist und sein Gepäck nun erst wieder aus dem Container herausgenommen werden muss, geht mir das Lieblingslied unserer deutschen Enkelin Mia nicht aus dem Kopf: *Du hast uns so reich gemacht, mit Gutem überschüttet, alle die ihm vertraun, dürfen Gottes Kinder sein.*

Hier sitzen zwei glückliche Gotteskinder, ein Opa und eine Oma, reiselustig und erwartungsvoll auf den Plätzen 39J und 39K. Oma darf am Fenster sitzen. Dank der Kataraktoperation vor fünf Tagen kann ich nun wieder so weit sehen, dass ich mir nichts entgehen lassen möchte. Nur nicht die Augentropfen dreimal täglich vergessen!

Kurz nach 14 Uhr geht es endlich los. Dieses wunderbare Gefühl, wenn der große Vogel die Nase in die Luft steckt und sich vom Boden abhebt: Ich liebe es! Endlich sind wir in der Luft! Da bin ich in meinem Element! Wir starten in südliche Richtung, über den Atlantik und sehen noch direkt unter uns die Küstenstraße, die wir am Morgen mit dem Auto entlang gefahren sind, die sich dann schnell zwischen den immer dichter werdenden Wolken verliert. Im Nu sind wir über dem Wolkenwatteteppich, schauen in den strahlend blauen Himmel und fühlen uns Gott noch viel näher. Wir halten uns freudig bewegt an den Händen und bitten ihn mit dankbaren Herzen um seine Gnade und seinen

Schutz, auch für diese Reise. Unsere Regenbogenreise! Deutschland, wir kommen!

Wie oft bin ich wohl schon diese Nord-Süd- beziehungsweise Süd-Nord-Strecke geflogen? Diese über 10000 Kilometer weite Strecke zwischen Kapstadt und Frankfurt? Es mag wohl mein zwanzigster Flug in die alte Heimat sein, also mindestens vierzig mal 10000 Kilometer. Aber es bleibt aufregend! Das muss das Abenteurerblut in meinen Adern sein, das ich vom Vater Willi geerbt habe, der Jahre in Spanien und England lebte und immer von einer Afrikareise träumte. Zwei Jahre nach seinem Tod wurde für mich dieser Traum zum ersten Mal Wirklichkeit. Gott hatte damit seinen wunderbaren Plan. Ich war auf der Suche nach ihm, nach der Wahrheit, nach dem Sinn und Ziel meines Lebens – und fand es in Südafrika! Aber das ist eine Geschichte für sich.

Der Mensch denkt und Gott lenkt

Der Urlaub in Europa lag vor mir. Voll froher Erwartung dachte ich an fröhliche Familienfeiern, Ausflüge zum See mit Picknick und Schwimmen, Besuche von und bei Verwandten und Freunden – und das alles selbstverständlich bei bester Gesundheit!

Eine wunderschöne Geburtstagsfeier im großen Familienkreis gab es und auch ein Picknick am See, aber mein Badeanzug blieb trocken. Ich hatte einfach keinen Schwung. Dann legte ich mich ins Bett und konnte tagelang kaum einen Ton mehr herausbekommen. Das war die Chance für meinen Mann, auch einmal zu Wort zu kommen. Und ich gönnte es ihm von Herzen. Er brachte die jüngste Enkelin morgens zum Kindergarten (was ich so gerne getan hätte), schwärmte vom Sonnenschein und der verschwenderischen Blütenpracht – und ich lag nur mit meist geschlossenen Augen da und fühlte mich hundeelend. Alle Knochen und auch Sonstiges tat weh, die Beine waren wie Pudding, die Augen brannten. Aber das Schlimmste war so eine Beklemmung ums Herz.

Zwei Wochen lang zwang ich mich zum Essen und kippte dann gleich wieder wie ein nasser Sack ins Bett. Sollten das nun meine Ferien sein? *Herr, was hast du mit mir vor?*

Während mein Mann Fahrradtouren machte, lag ich im abgedunkelten Raum und döste vor mich hin oder schlief stundenlang. Und das war noch das Beste. Ich schlief sogar über dem Beten ein, Bibellesen konnte ich vergessen. War das eine Erschöpfung oder einfach eine Alterserscheinung? Mit 68? *Bitte, Herr, sag mir nur, was ich tun soll!!!*

Mein Mann betete für mich, meine Tochter kochte das leckerste Essen, die Enkelinnen schauten vorsichtig zur Tür rein und brachten ein Blümchen oder ein Briefchen: *Gute Besserung!* Oh, ich wollte mich ja so gerne bessern, aber es ging nicht. Ich flehte um Hilfe, sprach den 121. Psalm, so wie ich ihn im schmerzenden Kopf hatte.

Urlaub im Krankenhaus?

Nachdem ich mich drei Wochen mit dem Virus oder was auch immer es war, herumgequält hatte, brachte meine Tochter mich zu einer sehr mitfühlenden Ärztin, die mich umgehend ins Krankenhaus schickte.

Urlaub im Ausland im Krankenhaus? *Na bravo,* dachte ich, während mir jede Menge Blut abgenommen und in vielen Venen herumgepikst wurde. Es gab dann noch eine ausführliche Ultraschalluntersuchung und sämtliche Verdachtsmomente, wie zum Beispiel Pfeiffersches Drüsenfieber, wurden ausgeschlossen. Das EKG war normal. *Juchhu, ich bin ein normaler Mensch!* Mit einem gesunden Herzen. So sehr ich mich auch freute, es ging kaum besser.

Herr, hast du hier eine Aufgabe für mich?, schoss es mir durch den Kopf. Ich begann, für die Bettnachbarin zu beten, und wir hatten während der 28 Stunden, die ich im Bett nebenan verbrachte, ein paar gute geistliche Gespräche. Ich versprach, auch weiterhin für sie zu beten, und das tu ich auch, wenn ich an sie denke. Sie hatte Darmkrebs und war sehr tapfer, aber das lange Warten auf die neuesten Befunde konnte sie kaum noch aushalten. Ich wollte ihr so gerne die Hände auflegen und laut für sie beten, doch das wäre wohl zu aufdringlich gewesen. Während ich noch im Stillen weiter für sie betete, wurde die nächste Patientin ins Zimmer geschoben. Eine alte Dame, weit über die 80, zwei Schlaganfälle und viele andere Probleme. Sie konnte nur ihre Augen bewegen und die folgten mir auf Schritt und Tritt. Ja, ich war inzwischen aus den Hospitalfedern und auf den Beinen und die Oma hielt meine Hand – oder hielt ich ihre?

Ob sie mich wohl verstand? Ich sagte ihr ein paar tröstliche Worte. Dann kam der Pfleger, um nach der Infusion zu sehen, und ich begab mich auf den Flur, wo ich mit einem weiteren Patienten und dessen Mutter ins Gespräch kam. Zwei Notaufnahmen wurden in aller Eile den Gang entlang geschoben und ich verdrückte mich wieder ins Zimmer, um nicht im Weg zu sein.

So viele Schwerkranke, so viele Menschenschicksale, so viel Grund zum Beten und Bitten! Und zum Danken, trotz allem. »Fürwahr, er trug unsre Krankheit und lud auf sich unsre Schmerzen. (…) Die Strafe liegt auf ihm, auf dass wir Frieden hätten, und durch seine Wunden sind wir geheilt« (Jesaja 53,4-5; Luther). Meine Bettnachbarin stieß das Fenster auf, frische Sommerluft strömte ins Zimmer und verdrängte den stickigen Krankengeruch. Eine Amsel begann zu singen und ihr Lied ging uns zu Herzen. Wie ihr Lied verklungen war, stimmte ich ein Loblied an.

Kurz darauf kam der Arzt zur Visite und mit ihm die gute Nachricht, dass ich nach Hause konnte.

Eine Lektion Geduld

Ich wurde entlassen, aber ich ließ zwei Frauen zurück, die bleiben mussten.

Und ein ganzes Krankenhaus mit viel zu vielen Patienten und viel zu wenigen Ärzten und Pflegern, für die ich nun bete. *Danke, Herr, für Menschen, die du berufen hast, Kranken, Alten und Schwachen zu dienen, sie zu pflegen und ihnen die Schmerzen zu mildern.*

Danke, dass du mir einen kurzen Einblick gegeben hast in die Not meiner Mitmenschen.

Eine tiefe Dankbarkeit erfüllte mich und seitdem sehe ich die Welt hier um mich herum im schönen

Waldhessen mit neuen Augen und spaziere mit einer neuen Kamera, die mein Mann mir schenkte, durch die Blumenfelder und halte so ein bisschen von Gottes einzigartiger Schöpfung im Bild fest …

Ja, Gott hatte mich anders gelenkt, als ich das erwartet hatte. Ich habe eine unvergessliche Lektion zum Thema Geduld und Dankbarkeit bekommen und will es mir zu Herzen nehmen.

Nun bin ich gespannt, was Gott in diesem Urlaub noch alles mit uns vorhat?!

Im Heidiland

Wenn ich heute an unsere 13 Tage in der Schweiz zurückdenke, dann höre ich wieder die Kuhglocken läuten, rieche die würzige Luft des Engadins, sehe die Wiesen voller bunter Blumen und fühle die raue Zunge des Kälbchens, das nur wenige Meter von uns entfernt seine ersten Schritte machte. Das war Natur pur im Heidiland. Teile des Heidifilms wurden auch gerade hier, in Lavin, gedreht. Mit unseren lieben Schweizer *Gegenschwiegern* (die Eltern unserer Schwiegertochter) fuhren wir von Basel in Richtung Graubünden bis zum Schloss Sargans! Diese alte Ritterburg zwischen den Weinbergen war ein ganz besonderes Erlebnis für uns Südafrikaner. Viel mehr als tausend Jahre lang lebten hier schon Menschen in dieser Burg. Wir staunten über die Küche mit all den alten Geräten, die winzigen Schlafzimmer mit uralten hölzernen Betten und Babywiege, den großen Ess-Saal, die antiken Möbel und die niedrigen Türbögen. Die Bilder an den holzgetäfelten Wänden erzählen ihre eigenen Geschichten von längst vergangenem Reichtum von Grafen und ihren Nachkommen.

Der Ritterschmaus – gebratene Ente auf Sargans! – wurde uns von einer jungen Dame im historischen Gewand serviert. Sie sah wirklich wie ein echtes Ritterfräulein aus und wir fühlten uns um einige hundert Jahre zurückversetzt …

Durch die Butzenscheiben der Fenster schauten wir hinaus ins Grüne und freuten uns einfach an Gottes wunderbarer Schöpfung.

Wunderbare Bergwelt

Weiter ging es Richtung Südosten. Der Flüela-Pass war für uns sehr beeindruckend, fast 2400 Meter hoch gelegen und mit Schnee!!! Es war kühl und neblig und die heiße Schokolade war genau das Richtige. In scharfen Serpentinen ging es dann abwärts ins untere Engadinland. Wie viel Bäume, Gebirgsbäche und Kuhherden wir wohl gesehen haben?

Man kann gar nicht anders, als Heidi und Peter mit den Ziegen vor sich zu sehen, und wartet nur noch gespannt darauf, ob nicht der Alm-Öhi gleich mit der Base Dete um die Ecke kommt.

Danke, Johanna Spyri, für diese wunderbare Geschichte von Heidi, Klara und Peter, die seit Generationen gelesen und geliebt wird – und die auch unsere Enkel immer wieder gerne als Film sehen. Mit dem Heidi-Lied auf den Lippen (sozusagen als Ohrwurm) landeten wir in der gemütlichen ehemaligen Hirtenhütte *La Chasina*, die sich von innen als sehr modern und zweckmäßig renoviert und mit allem ausgestattet, was vier fröhliche Großeltern so nötig haben könnten, entpuppte: bequeme Betten, eine gut ausgerüstete Küche und ein Badezimmer mit Dusche und sogar Waschmaschine und Heizung. Alles mit Solaranlage! Wir waren beeindruckt und wären gerne länger geblieben. Es gab herrliche Spaziergänge und -fahrten, wobei meine neue Kamera auf Hochtouren arbeitete. Wir fuhren bis nach Sent und Scuol, fast schon an der österreichischen Grenze, und ein paar Tage später ging es mit der Räthischen Bahn Richtung Westen nach St. Moritz, ins Land der Reichen, wo wir um den großen See herumspazierten, die schneebedeckten Berge bewunderten, in dem mondänen Einkaufsviertel die hohen Preise der Luxusartikel bestaunten und dann dankbar wieder zum *Bähnle* marschierten. Die malerischen Dörfchen, die man vom Zug aus so gut sehen kann, und das viele Grün der Wiesen und

Wälder sogen wir *Afrikaner* so richtig in uns auf. An jeder Station hing ich aus dem Zugfenster, um noch mehr Fotos zu machen, damit wir nachher in Erinnerungen schwelgen können, wenn wir wieder zu Hause sind. Dann laden wir unsere Freunde und Nachbarn ein und zeigen ihnen die schönsten Fotos auf dem PC-Schirm und erleben alles wieder mit. Auch der Foto-Club wartet schließlich! Jetzt sind wir besonders dankbar, dass wir nicht in einem früheren Jahrhundert, sondern im Zeitalter der Technik leben – auch wenn sie manchmal versagt.

Unerwartete Begegnungen

Am ersten Sonntag im Juni waren wir dann gemeinsam in Zernez bei einem Gottesdienst in einem Hotel.

Als der Prediger hörte, dass mein Mann und ich aus Südafrika zu Besuch sind, erwähnte er, dass er auch schon dort gewesen sei – vor vielen Jahren mit einem Missionsteam. Wir kamen nachher mit ihm ins Gespräch und stellten fest, dass es eine Evangelisation vor 17 Jahren mit einem Team aus Chrischona war, das unsere deutschsprachige Gemeinde im Kap mitorganisiert hatte. Somit kannten wir uns ja bereits!

Wie klein die Welt doch ist! Wir gaben Gott die Ehre für diese Extraüberraschung.

Mit den Schwiegereltern unseres in der Schweiz lebenden Sohnes hatten wir jeden Morgen ein ausgiebiges Frühstück, dann lasen wir gemeinsam eine Andacht, tauschten uns in Ruhe aus und hatten dann innige Gebetsgemeinschaft miteinander. Das war für uns ein ganz besonderes Geschenk. In meinem Herzen sang ich wieder voll Dankbarkeit: *Er hat uns so reich gemacht, mit Gutem überschüttet*. Ja, das hat er. Danke, Jesus!

Blou Maandag[5]

Irgendwie kam an diesem Montagmorgen alles zusammen, was sich schon seit Tagen angebahnt hatte: Wer allerdings nicht kam, waren die Handwerker, die am Freitag angefangen hatten, die Mauer in der Waschküche aufzuschlagen, um den Rohrbruch zu suchen. Machten sie etwa *blau*???

Die Waschmaschine, die wir in aller Eile am Freitag zum Service bringen ließen, wurde uns mit Rechnung und der ermutigenden Bemerkung zurückgebracht, dass die Maschine tipptopp sei! Wunderbar, da stand sie nun einsam in der eiskalten Garage und schaute mich entschuldigend an. Ohne Wasseranschluss konnte sie ja nun beim besten Willen nicht funktionieren, auch wenn sie, nach Angaben des Fachmanns, mit über zwanzig Jahren auf dem Buckel, noch kerngesund war. Die schmutzige Wäsche häufte sich und meine Geduld wurde zusehends weniger. So wie eine Sanduhr vor allem zum Schluss hin immer schneller zu laufen scheint. Mein guter Mann war mal wieder unterwegs, um Freunden zu helfen, die bald umziehen würden und die, wie er meinte, unbedingt seine Hilfe brauchten. Er hat sicher recht. Man sollte ja an sich selbst zuletzt denken, oder?

Sagopudding und PC-Probleme

Zum Glück fiel mir rechtzeitig genug wieder ein, dass ich einen älteren Herrn, der gerade eine große Operation hinter sich hatte und nun wieder Auto fahren konnte, zum Mittagessen eingeladen hatte. Die Suppe war ja schon seit gestern startbereit, also nur schnell auf kleiner Flamme schon einmal erwärmen. Ein Blick auf die Uhr. Die Augentropfen nach der Augen-OP hätte ich doch fast vergessen!

Flugs bereite ich schnell noch einen Sagopudding zu. Ich bin nicht gerade die geborene Köchin, aber den Pudding kann ich in- und auswendig zu jeder Tages- und Nachtzeit machen. Man sollte nur nicht mittendrin unterbrochen werden. Aber es klopft an der Vordertür. *Das müssen die Handwerker sein*, denke ich und öffne die Tür mit dankbarem Herzen. Ein eiskalter Wind, fühlt sich an wie direkt vom Südpol, weht ins Haus und mit ihm zwei Männer. Nein, leider nicht die Handwerker, sondern Freunde, die eine Bitte haben und Hilfe brauchen. Ich also mit ihnen zum PC und den Scanner schnell aktiviert. Wie gut, dass ich das kann, denn mein Guter ist noch nicht von seiner Mission zurück. Ich tippe einen Brief in meinem bestmöglichen Englisch an ein Reisebüro in Namibia, als mir einfällt, dass ich Freunden in Deutschland zum ersten Kind auf Afrikaans gratuliert habe. Dabei ist die frischgebackene Mama doch Deutsche! Na, macht nichts, der Papa ist Afrikaans. Ob er diese Sprache seinem Kind wohl beibringen wird? All diese Gedanken wirbeln mir so durch den Kopf. Und unserem PC-Spezialisten muss ich auch noch schnell mailen, da das funkelnagelneue Notebook, das er am Freitag eingerichtet hat, partout keine E-Mails abschicken will.

Zwischendurch geht mir der Sagopudding, der dringend gerührt werden müsste, damit er keine Klumpen bildet, durch den Kopf – aber vor allem durch die Nase. Also, einen Moment mal bitte!

Nachbarschaftshilfe

Du liebe Zeit, heute Nachmittag ist ja schon wieder Chor und ich sollte noch dringend vorher ein paar

Fotokopien machen. Da muss ich also früher los. Der Autoschlüssel ist nicht dort, wo er sein sollte. Ob ich mit dem Fahrrad fahren kann? Es regnet in Strömen. Meine Nachbarin von gegenüber hat die Handwerker, die nun inzwischen doch noch aufgetaucht sind, gesehen. Sie bietet mir an, dass ich einen Schwung Wäsche in ihrer Waschmaschine waschen kann. So ein Schatz! Ich suche einen Korb voll Wäsche zusammen und flitze zu ihr rüber. Das Waschpulver! Aber mit so einer großzügigen Nachbarin ist auch das kein Problem.

Nun ist aber unser Besucher da und ich versuche gleichzeitig, seine ergreifende Geschichte anzuhören, dem Pudding den gerade geschlagenen Eierschnee noch fix unterzumischen, das Telefon zu beantworten (Hilfe, eine meiner Freundinnen hat einen Magenvirus und ich versuche zu trösten!) und meinem Mann zu versichern, dass der Tisch nebenan bereits gedeckt ist. Warum schaut er denn nicht einfach nach?!?

Aber der Gute hat sicher auch zehn Sachen gleichzeitig im Kopf und das funktioniert bei Männern, nach meiner Erfahrung, noch schlechter als bei Frauen, zumindest wenn man (*lies Mann)* fast siebzig ist. Da sitze ich nun mit zweien von dieser Sorte am Tisch und wir genießen die warme Suppe mit dem geräucherten Eisbein drin, das dem Ganzen wirklich eine pikante Note gibt, obwohl es sicher eigentlich ein kulinarischer Stilbruch ist, da weder Erbsen noch Linsen dabei sind. Unserem Gast, der sich sonst selbst bekochen muss, schmeckt es aber. Prima! Ein Lichtstrahl an diesem *Blou Maandag*, an dem die Sonne einfach nicht rauskommen will und der *Südoster* um alle Ecken und durch alle Ritzen pfeift. So ist das eben im Winter im Kap der Stürme.

Der Sagopudding, noch warm, geht mit Zucker und Zimt und frischer Hausmacheraprikosenmarmelade problemlos hinunter. Ich schaue möglichst unauffällig auf die Uhr.

Herrlich, noch Zeit für eine gute Tasse deutschen Kaffee, aber die Mittagspause ist vorbei und die Handwerker kommen wieder und die Klopferei geht weiter. Unserem Besucher ging wohl die Batterie vom Gehörgerät eben zu Ende und er verabschiedet sich ziemlich plötzlich. Wir haben gerade noch Zeit für ein kurzes Gebet.

Was für ein Tag!

Ich finde den Autoschlüssel in meiner Anorak-Tasche, raffe die Chormusik zusammen, die Wollhandschuhe und den dicken Schal. Tschüss, mein Schatz! Das Auto startet sogar sofort! »Vergiss nicht zu tanken, der Benzinpreis geht am Mittwoch wieder hoch«, ruft mein Mann mir hinterher. Während ich das Lied *»Vergiss nicht zu danken dem ewigen Gott«* vor mich hinpfeife, brause ich los. Muss ja noch die Fotokopien machen lassen!

Bei der Post, wo die Fotokopien am billigsten sind, finde ich gleich einen Parkplatz. Danke, Herr! Aber gerade vor mir kam eine Person, die 140 Fotokopien machen lassen möchte. Ich schaue auf die Uhr: nur noch 10 Minuten, trippele ungeduldig von einem kalten Fuß auf den anderen. Die Person dreht sich um: *Ach, das ist ja Hettie!* Wie gut, dass ich, wie mein Mann meint, das *halbe Dorf* kenne. Hettie kenne ich vom Wanderclub. Sie gibt mir, ganz von sich aus, Vorfahrt. Ich hätte sie küssen können, aber sie ist nicht der Typ dafür.

Ich bin also schlicht dankbar und schaffe es gerade noch, pünktlich beim Chor anzukommen. Noch froher bin ich, die Hämmerei zu Hause nicht weiter mit anhören zu müssen. Stattdessen begebe ich mich mit vierzig gleichgesinnten Senioren auf die musikalische Reise. Mit *Agnus Dei* von *Bizet* geht es los und plötzlich ist all der Stress vergessen, der Montag nicht mehr *blau*. Wieso eigentlich blau? Blau ist doch eine wunderschöne Farbe und war eigentlich schon immer meine Lieblingsfarbe!

Danke, Herr, für einen herrlich verrückten *Blou Maandag*!

Staubkörnchen

Seitdem meine Augen vor ein paar Monaten operiert wurden, kann ich richtig gut in die Ferne sehen. So gut, dass ich das kleinste Staubkörnchen auf den Möbeln entdecke. Und das auch noch von Weitem. Wenn die Sonne morgens aufgeht, dann sehe ich die einzelnen Stäubchen durch die Luft tanzen. Und da wohl noch immer so ein Stückchen typische Hausfrau in mir schlummert, greife ich gleich zum nächsten Lappen oder Staubtuch und fange an, Staub zu wischen. Oder ich hole sogar den Staubsauger zu Hilfe. Ich will nämlich keine staubige Wohnung haben. Aber der Staub lässt sich nicht erschüttern und kommt einfach immer wieder. Meine treue Putzhilfe fegt den Staub mit dem Besen. Das wirbelt ihn aber meiner Meinung nach nur noch mehr auf.

Biblische Staubkörnchen

Warum rege ich mich denn eigentlich so über Staub auf? Je mehr ich mir Gedanken darüber mache, desto sympathischer wird er mir. Sind wir nicht auch aus Staub gemacht? Manche Bibelübersetzungen sprechen zwar von Erde. Aber bei Beerdigungen höre ich immer wieder die bekannten Worte aus 1. Mose 3, Vers 19: »Staub bist du, und zum Staub wirst du zurückkehren.« Und auch Hiob hat das im Gespräch mit Gott vielfach erwähnt. David war es ebenso bewusst, denn er spricht davon in seinen Psalmen. Jesaja hat gesagt (26,19): Wachet auf und jubelt, die ihr im Staube liegt! Und die Jünger schüttelten den Staub von ihren Füßen (zu lesen in Apostelgeschichte 13,51).

In meiner Konkordanz[6] finde ich erstaunliche Dinge über dieses staubige Thema. Vom Staub Jakobs wird da gesprochen. Und damit ist offensichtlich seine Nachkommenschaft gemeint.

Diese Menge Staub, also Nachkommen wie Sand am Meer, hatte Gott ja schon Abraham, seinem Großvater, versprochen. Aber da war ja nun wirklich lange Jahre kein einziges Stäubchen, sprich Nachkomme, in Sicht. Nun, Gott hatte die Nachkommen versprochen und Abraham glaubte ihm. Schließlich hatte Gott ihn ja auch aus dem Staub gemacht. Und uns auch?

Wenn es mir etwas schwerfällt, mich über die Tatsache zu freuen, dass auch ich aus Staub entstanden bin, dann bedenke ich: Doch durch den Willen Gottes ist es geschehen! Er wollte mich und Sie. Und wir sind kostbar und wertvoll in seinen Augen! Das ist für mich Grund zum Staunen und Danken. Er, der Herrscher aller Dinge, der so groß und allmächtig ist, hat mich geplant. Er hat vom Anfang der Welt an schon gewusst, dass es mich, Staubkörnchen, einmal geben würde! Da könnte ich Tanzen vor Freude so wie die Stäubchen im Sonnenlicht!

Wir Menschen, die aus einem Flugzeug schon bald nicht mehr zu erkennen sind, weil wir so winzig sind, sind doch so geliebt. Das ist mir zu hoch, ich kann es nicht begreifen, vor allem wenn ich bedenke, wie viel Dummheiten ich immer wieder mache, was alles so an Aggressionen oder sogar Rebellionen und anderen *-ionen* immer mal wieder in mir hochkommt. Dass unser himmlischer Papa so viel Geduld mit mir hat, ist schon fast nicht zu glauben. *»Staubkörnchen«*, sage ich dann zu mir selbst, wenn ich mal wieder meinen Mund nicht gehalten habe, oder meinen eigenen Willen durchsetzen und meinen eigenen Weg gehen will, oder auch wenn ich mir selbst mal gerade so sehr leid tue, *»Staubkörnchen, nimm dich selbst nicht so wichtig! Hauptsache, ich bin Gott wichtig!«*

Perfekte Staubentfernung

Kennen Sie nicht auch die lästigen Staubkörnchen, die man ab und zu im Auge hat? Da hilft manchmal das Reiben nichts, es macht es nur schlimmer. Ich habe da wunderbare Augentropfen, die den Staub aus den Augen waschen. So wäscht Jesus uns mit seinem Blut rein. Und er reibt uns nicht immer wieder unsere Sünde unter die Nase. Er versenkt sie dort im Ozean, wo er am tiefsten ist!

Und nun brauche ich mir keinen Staub mehr aufs Haupt zu werfen, wie Hiob das tat und wie es bei Trauernden im Orient üblich war. Ich darf mein Haupt aus dem Staub erheben, denn Jesus hat mich *entstaubt*, rein gewaschen, ein für allemal!

Wie die Leute die Ehebrecherin angeschleppt hatten und die Steine schon in den Händen der Umstehenden waren, da schrieb Jesus seelenruhig in den Staub und sagte dann ganz einfach: »Wer von euch ohne Sünde ist, der soll den ersten Stein auf sie werfen!« *Plumps,* da fielen die Steine einer nach dem anderen den Anklägern aus den Händen. Und wie sie alle sich wohl beschämt aus dem Staube gemacht hatten, da stand Jesus auf und fragte: »Wo sind sie? Hat dich keiner von ihnen verurteilt?« »Niemand, Herr«, antwortete sie. »Dann verurteile ich dich auch nicht«, erklärte Jesus. »Geh und sündige nicht mehr.«

So gnädig ist Jesus mit uns Staubkörnchen. Ich liebe diese Geschichte in Johannes 8.

Im Jesusfilm wird das auch so ergreifend dargestellt. Da hat sicher atemlose Stille geherrscht.

Und der Staub hat sich wieder gelegt und die Frau ging dankbar und mit Jesu Liebe im Herzen ihren Weg. Sicherlich den Weg mit Jesus.

Staubige Sandalen, staubige Füße, staubige Straßen – in Israel haben wir sie erlebt und sind vielen der Nachkommen Abrahams und Jakobs begegnet. Einer von ihnen war Jesus. Er wurde Mensch, obwohl er nicht vom Staube gemacht war. Er legte sein göttliches Wesen ab und erniedrigte sich selbst und war gehorsam bis zum Tod am Kreuz. Und das alles als Liebesrettungsaktion für kostbare *Staubkörnchenmenschen* wie Sie und ich!

Helfen ist arg unbequem

Ich würde so gerne meine Mitmenschen mit Jesu Augen sehen, auf sie zugehen, die Hände auf sie legen und sie segnen – aber was würden dann die Leute von mir denken? Vielleicht: »Die ist wohl fanatisch!« oder: »Sie hat einen frommen Tick!«.

Jesus hat seinen Jüngern einen eindeutigen Auftrag gegeben: »Darum geht zu allen Völkern und macht sie zu Jüngern« (Matthäus 28,19). Zu dem, was wir Armen, Kranken und Gefangenen Gutes tun, sagt er: »Das habt ihr für mich getan« (Matthäus 25,40). Ich frage mich: Strahlt mein Leben tatsächlich die Liebe Jesu aus – oder rede und singe ich nur davon? Sehe ich die Menschen, die mir fast täglich über den Weg laufen oder sogar an meine Tür klopfen, als von Gott geschickt und als wunderbare Gelegenheit, seine Liebe mit ihnen zu teilen?

Mir sind diese Armen oft eher lästig, ganz ehrlich. An den Bettlern (von denen es in Südafrika viele gibt) gehe ich meistens schnell vorüber, als hätte ich sie nicht gesehen. »Ist doch peinlich, diese Bettelei!« Und einen Krankenhausbesuch mache ich sowieso äußerst ungern. Wenn ich diesen Krankenhausgeruch schon in die Nase bekomme! Ich kann sowieso kein Blut sehen, dann kippe ich gleich um. Sollen andere doch die Kranken besuchen, ich werde für sie beten. Schließlich kann einer ja nicht alles machen!

Gottes Hände und Füße

Aber was können wir denn eigentlich? Oder ist die Frage eher: Wozu sind wir bereit? Wozu stellen wir uns Gott zur Verfügung? Vielleicht meinen wir auch, das Gehen und Bezeugen könnten wir getrost redegewandten Missionaren und Predigern überlassen – oder den jüngeren Christen, die noch keine Gicht in den Knochen haben. Schließlich sind mein Mann und ich um die Siebzig und längst pensioniert.

Aber was will Gott von uns? Wohin will er uns heute schicken? Was hätte Jesus, den wir doch als unseren Herrn und Meister bekennen, getan? Glauben wir wirklich, dass er immer und überall bei uns ist? In uns ist? Wir sollten seine Hände und Füße in dieser Welt sein, in die er uns hineingestellt hat.

Haben wir Sehnsucht nach Gottes Nähe und den Wunsch, seinen Willen zu tun? Können wir andere von ganzem Herzen lieb haben – ohne Vorbehalte, so wie Jesus uns liebt?

Berührt uns die Verlorenheit der Menschen um uns überhaupt noch oder reicht es uns, dankbar für die Rettung unserer eigenen Seele zu sein, uns sonntags an der guten Predigt, der Gemeinschaft mit anderen Gläubigen und einem reichhaltigen Essen zu stärken und uns auf den Himmel zu freuen?

Einfallsreiche Ausreden

Mein Nachbar sitzt gerade wieder auf seinem Balkon. Ich weiß, dass er krank und sehr einsam ist. Trotzdem ist mir der Weg zu ihm zu weit. Ich scheue ein offenes Gespräch mit ihm. Oder ich meine, ich hätte dafür keine Zeit – schließlich ist heute Montag, mein Waschtag. Es gibt einfach Wichtigeres zu tun, als diesen komischen alten Kauz zu besuchen, der sicher sowieso nichts von Gott wissen will!

Wie viel Zeit schenke ich dem, der mir seine Not klagen möchte? Oder knurre ich innerlich, wenn er schon wieder anruft, und wünsche mir, dieser negative Kerl würde mich nicht ständig mit seinen sicher selbst verschuldeten Problemen belasten und meine Zeit verschwenden? Ist es denn überhaupt meine Zeit?

Herr, mein Geist ist wohl willig, aber mein Fleisch, ach, es sucht das Angenehme, das Bequeme. Ich habe noch so viel zu lernen! Dabei möchte ich doch so gerne auch mit zunehmendem Alter noch geistig und vor allem auch geistlich wach, aufnahmefähig und flexibel sein, bereit umzudenken, neu zu werden und dir bedingungslos zu gehorchen. Soll mir doch egal sein, was die Leute denken! Was du von mir denkst, das ist mir wichtig.

Also setze ich mich mit meiner Gitarre zu den Ärmsten der Armen bei der Suppenküche, lege meinen Arm um sie, singe und bete mit ihnen und für sie und vergesse meine eigenen Wehwehchen. Ihre Not berührt mein Herz und ihre Dankbarkeit bewegt mich zu Tränen. Ach Herr, erneuere du mein Herz. Nimm meine Hände, zeig mir, wie und wo ich dienen kann!

Suppenküche Kleinmond

Heute waren wir, mein Mann, drei weitere Helfer und ich, mal wieder an der Reihe bei der *Sopkombuis*, der Suppenküche. Da wir nur eine kleine Gemeinde sind, eine von vielen hier in Kleinmond, kommen wir auch nur zweimal im Monat dran, denn es beteiligen sich viele Gemeinden an dieser Aktion, die nun schon über anderthalb Jahre im Gange ist.

Zu der bestehenden Gemeinschaft der braunen Einwohner sind in den vergangenen zehn Jahren viele schwarze, meist ungeschulte Arbeiter aus anderen Teilen Afrikas gekommen, Flüchtlinge aus Zimbabwe und Somalia, Arbeiter aus Nigeria. Mit uns Weißen sind wir eine bunte, kulturell höchst unterschiedliche Mischung. Es gibt wenig Arbeit, ab und zu eine Maurer- oder Gartenarbeit, Maler- und Anstreicherjobs. Die Arbeitslosenrate liegt offiziell bei 25 Prozent, ist aber vermutlich viel höher. Die meisten Arbeitsuchenden strömen in die Großstädte. Aber auch hier in Kleinmond herrscht große Not: kein Job, kein Geld, kein Haus, kein Essen. Die Regierung verspricht viel, hält aber wenig. Die

Menschen leiden. Fast täglich sind Bettler an der Tür – verzweifelt, hungrig.

Einsatz vor Ort

Ein Donnerstagmorgen, 11 Uhr. Bewaffnet mit Brot- und Streichmesser, Plastiktüten, Geschirrtuch und Schürze hat sich unsere Gruppe aufgemacht, meist Rentner, noch gut zu Fuß und im Besitz eines Autos, in dem man große Eimer Suppe transportieren kann. Etwa 50 Leute arbeiten insgesamt in der Suppenküche. Das Haus mieten wir für rund 200 Euro im Monat. Es ist ideal an der Hauptstraße gelegen. Die Leute kommen, sobald sie den Geruch der Suppe in die Nase bekommen. Manche sitzen oder liegen auch schon auf der Veranda, wenn wir ankommen. Mamas laufen mit Babys in einer Decke auf dem Rücken unentwegt auf und ab, damit die Kleinen schlafen. Kinder, die um diese Zeit eigentlich in der Schule sein sollten, schauen scheu und mit hungrigen Augen in die kleine mit Kühlschrank, Gefriertruhe und Mikrowelle vollgestopfte Küche.

Dort ist eine große Aktion im Gang: Täglich streichen fünf bis sechs Leute Margarine auf dicke Scheiben Brot, das von einem Supermarkt gespendet wird. 20 bis 25 Brote am Tag werden im Akkord verarbeitet. Einer schneidet, einer schmiert, einer packt die Butterbrote in Tüten und stapelt sie in einem Behälter. Inzwischen holt einer der Männer die 40 Liter Suppe aus einer zentralen Gemeindeküche, wo Köchinnen die Suppe gegen Bezahlung kochen.

Die Suppe, meist leckere Gemüsesuppe mit Fleisch, Nudeln und Karotten, wird von den Kirchengemeinden gemeinsam finanziert. So wie die anderen Kosten auch: ein Dach über der Veranda etwa, das im Winter Schutz vor starkem Regen und im Sommer Schatten spendet.

Neben den Köchinnen kochen Einzelne auch zu Hause Suppe und bringen sie vorbei. Von benachbarten Farmen bekommen wir hin und wieder Tomaten, Kartoffeln oder Äpfel geschenkt. Manchmal dürfen wir auch selbst Tomaten pflücken.

Es braucht zumindest fünf Helfer täglich zum Vorbereiten und da sind Freiwillige dabei, die schon über die Achtzig sind! Wir haben mit bis zu 60 Personen an einem Mittag zu tun, die sich Suppe holen. Vor dem Essen gibt es erst eine kurze Andacht, manchmal mit Musik, immer mit Gebet und manchmal mit geistlichen Einzelgesprächen und Beratung, wenn nötig.

Beziehungen knüpfen

Heute konnten wir einem jüngeren afrikaanssprachigen Mann eine Bibel geben. Er wollte sie so gerne haben und ich konnte nach einem persönlichen Gespräch noch mit ihm beten. Er muss am Herz operiert werden und man konnte ihm die Furcht auf dem Gesicht ansehen. Francois wartet noch auf einen Termin für die Operation und sucht nun in seiner Not Zuflucht bei Gott und seinem Wort. Wir werden ihm nachgehen und bitten den Herrn, dass er uns Weisheit schenkt.

Oft ist die Frage: Wie helfen wir wirklich am besten? Wir haben ja mit erwachsenen Menschen zu tun, die aber vielfach sehr unreif in ihrem Verhalten sind, sehr unsicher und unbeholfen. Viele sind dem Alkohol verfallen, manche rauschgiftsüchtig, fast alle rauchen stark. Sie ernähren sich meist sehr ungesund; sobald sie ein wenig Geld in der Hand haben, kaufen sie zuerst Wein und Zigaretten, bevor sie vielleicht an ihre hungrigen

Kinder denken. Dadurch sind natürlich auch viele schon frühzeitig sehr verbraucht und krank. Oh, da gibt es noch so viel Aufklärungsarbeit! Sozialarbeiter, Klinikschwestern und Ärzte haben alle Hände voll zu tun. Auch die Aidsaufklärung ist ein wichtiges Thema. Etliche leiden an Tuberkulose, bekommen umsonst Medikamente und nehmen sie dann nur noch unregelmäßig oder gar nicht mehr, sobald es ihnen wieder etwas besser geht.

Wir wollen diesen leidenden Menschen nicht nur etwas zu essen geben, sondern vor allem auch geistliche Nahrung. Und allein die Gewissheit, dass sie geliebt werden, wirkt oft Wunder.

Heute war eine sehr verhaltensauffällige junge Frau da. Sie kam schon sehr früh und hing herum, ärgerte die anderen, die dann so nach und nach eintrudelten, provozierte die Wartenden mit unflätigen und aufreizenden Bemerkungen, wurde auch schon öfter gefährlich handgreiflich. Während der Andacht verschwand sie, wie immer, um die Ecke. Aber sobald die Suppe kam, drängelte sie sich als Erste in die lange Schlange der meist geduldig Wartenden. Während ich ihr das Brot gab, konnte ich sie heute fragen: »Weißt du eigentlich, wie sehr Jesus dich liebt?« Sie kam zum zweiten Mal und nahm sich außer der Suppe auch ein Johannesevangelium mit. Nun sind wir gespannt, wie es weitergeht, denn dass Gottes Geist mit ihr beschäftigt ist, glauben wir fest. Es ist ein geistlicher Kampf.

Ich muss unwillkürlich daran denken, wie widerspenstig ich als junges Mädchen war und wie viel Geduld Gott mit mir hatte! Bei Gelegenheit werde ich ihr das vielleicht erzählen können. Wer weiß, was sie schon alles durchgemacht hat. Viele von diesen jungen Mädchen wurden seit früher Kindheit missbraucht, oft vom eigenen Vater oder dem Stiefvater. Manche wissen gar nicht, wer eigentlich ihr Vater ist. Verlorene Söhne und Töchter, nach denen der himmlische Vater Ausschau hält. Man möchte sie so gerne an der Hand nehmen und in Richtung Vater schicken. Wenn sie es nur erkennen dürfen, dass er sie so liebt, wie sie sind, und dass er bereits ungeduldig auf sie wartet.

Nur ein Tropfen auf dem heißen Stein?

Als ich vor ein paar Monaten in Deutschland war und sah, wie viel Kleidung die Leute dort haben, die sie nicht mehr brauchen, habe ich mir so gewünscht, ich könnte einen großen Container voll Kleider und Schuhe mit nach Südafrika nehmen und hier in der *Location* (Wohnort der Armen) austeilen. Manche hausen in einem selbst zusammengezimmerten Schuppen mit Wellblechdach. Wenn der kalte Wind nachts weht, liegen die Menschen so dicht wie möglich zusammen, um sich warm zu halten und versuchen, sich mit billigem Branntwein noch von innen zu wärmen. So werden die Kinder in diesen erbärmlichen Umständen groß. Bei den verschiedenen Schulen bekommen sie meistens etwas zu essen, aber Kleidung? Hier in Kleinmond wird auch da viel getan, es gibt sehr günstig gebrauchte Kleidung zu kaufen. Aber auch Strom, Paraffin und Gas muss gekauft werden und Jobs sind rar. In den Städten ist die Not noch viel größer. Hilfe kommt immer von Einzelpersonen oder Gemeinden. Von der Regierung? Da heißt es immer nur, dass sie die Armut bekämpfen will. Aber wie? Das braucht viel Gebet und Geduld.

Für uns fühlt es sich manchmal so an, als ob die Suppenküche als Hilfe für die Hilflosen wirklich nur ein Tropfen auf dem heißen Stein ist. Aber zumindest gehen hier täglich um die 60 Menschen mit vollem Magen nach Hause oder in ihre Unterkünfte. Manche schlafen sogar unter dichten Büschen oder auf der Terrasse von Geschäften.

Wenn man dann in Deutschland und auch hierzulande sieht, wie Nahrungsmittel im Mülleimer verschwinden, dann dreht sich einem fast das Herz um.

Wir tun, was wir können. Bisher haben Suppe und Brot immer noch gereicht. Am Wochenende wird das Brot an mehreren Stellen ausgeteilt. Warmes Essen, von einem der Supermärkte zusätzlich gestiftet, wird denen, die nicht mehr gehen können, ins Haus oder an die Türe gebracht. Ganz dringend benötigen wir noch eine Unterkunft für die *Bosslapers,* die Buschschläfer.

Das ist unser nächstes Projekt. Noch träumen wir nur davon und beten dafür …

Stromlos glücklich

Es war keineswegs ein unangekündigter Stromausfall, sondern ein geplanter, der von 8 bis 20 Uhr dauern sollte. In allen Geschäften hingen Hinweise aus und auch über Handy wurden wir mit SMS informiert. Also alle Einwohner bestens informiert? Sollte man meinen. Viele fuhren schon vor 8 Uhr ihre Autos aus den Garagen, da die automatischen Türen nur recht umständlich per Hand geöffnet werden können. Aber es gab auch jede Menge Leute, die es trotz zahlreicher Vorankündigungen vergessen oder überhaupt nicht mitbekommen hatten.

In unserem Zeitalter der *Überinformation* ist das sicher kein Wunder. Zugegeben, wir *65plus-Leutchen* bekommen eben nicht mehr alles mit. Brauchen wir auch nicht, oder? Abschalten tut doch mal gut! Unser oft überangestrengtes, überfülltes, überinformiertes armes Gehirn braucht mal ab und zu eine Pause zum Regenerieren. Und die hatten wir hier in unserem Küstendorf am südlichsten Zipfel von Afrika am 16. Februar 2011!

Was tun?

»Au wei«, dachten die meisten Rentner und Pensionäre, die sich geflissentlich eine Notiz auf dem Kalender gemacht hatten, um sich daran zu erinnern. (»An was noch mal? Ach ja, den Stromausfall am Mittwoch!«) »Was machen wir denn den ganzen Tag ohne Elektrizität?« Sie *flohen* in Scharen über den Berg, wie man hier so schön sagt, wenn man in der nahe gelegenen Stadt Somerset West die riesige *Mall* besucht. Das ist ein modernes Rieseneinkaufszentrum (im amerikanischen Stil), wo man unter einem Dach, aber mit meilenweiter Lauferei, fast alles haben kann, vieles kauft, was man eigentlich nicht braucht (weil es so schön ist) und dann meist mit plattem Portemonnaie und geschwollenen Beinen zurückkommt. Da wir keine *Mall*-Fans sind, beschlossen mein Mann und ich, hier in Kleinmond zu bleiben und den stromlosen Tag zu genießen.

Wir standen früh auf, so gegen 6 Uhr, was im Sommer kein Problem ist. Erst gab es ein reichliches Frühstück, dann füllten wir ein paar Thermosflaschen mit heißem Wasser, packten alle Esswaren in den Kühlschrank (mit dem Vorsatz, ihn nur im Notfall aufzumachen!) und warteten gespannt auf das, was man an einem stromlosen Tag so alles erleben kann. Und es war eine Menge!

Unerwartete Stille

Zuallererst fiel uns die Stille auf: keine Geräusche wie Rasenmäher, Zementmixer, Bohrer, Staubsauger, Mikrowelle, Küchen- oder Waschmaschine. Einfach herrliche Ruhe!

Weder Radio noch CD-Spieler, keine Nachrichten.

Wir hatten Muße zum Lesen, für Gespräche und ich habe mit viel Freude mal wieder Klavier gespielt und sogar die Querflöte aus dem Schrank geholt und erklingen lassen.

Die Vögel sangen und auch das Meeresrauschen war nicht zu überhören. Mittags gab es Obst und Brot und danach haben wir einen ungestörten Mittagsschlaf gemacht.

Ein gemütliches Kaffeestündchen (mit Hilfe eines Gaskochers) auf dem Balkon und ein erfrischendes Bad im 16 Grad *warmen* Atlantikwasser war alles ohne ohne Strom möglich!

Abendruhe

Am Abend besuchten uns Freunde und spontan luden wir sie zum Grillen ein. Während wir an den leckeren Lammkoteletts knabberten und die auf den Holzkohlen gebratenen Käse-Tomaten-Brote (eine südafrikanische Spezialität) mit einem Gläschen feinen Kapwein bei Kerzenschein genossen und einem Grillenkonzert aus dem Garten lauschten, dachten wir: *War das nicht ein herrlicher stromloser Tag?*

Sicherlich, ein paarmal knipsten wir – aus alter Gewohnheit – den Lichtschalter an, nachdem es dunkel geworden war. Dann kam spontan die »Ach-ja-ist-ja-kein-Strom-da«-Erinnerung. »So allmählich«, meinten unsere deutschen Gäste, »würde es jetzt aber Zeit, dass der Strom wieder angestellt wird!« In Deutschland gäbe es nie solche langen Stromunterbrechungen. Was passiere denn mit all den Sachen in der Gefriertruhe? »Nun ja«, meinten wir gelassen, »wir sind eben in Afrika. So etwas gehört dazu. Es gibt Schlimmeres …!«

45 Minuten vor 20 Uhr hörte ich plötzlich die Radiostimme aus der Küche erklingen und irgendwo im Haus ging ein Licht an, der Kühlschrank fing

an zu brummen und holte alles nach, was er in den vielen Stunden versäumt hatte. Unsere müden und satten Gäste verabschiedeten sich und wir traten auf die Straße. Der fast volle Mond war gerade aufgegangen und wir staunten über die vielen Sterne und das markante Kreuz des Südens über dem Meer. Eigentlich schade, dass die Straßenlaternen aufleuchteten, denn ohne sie hätten wir die Sterne noch viel, viel heller funkeln sehen können!

Kleinod Kleinmond

Wir wohnen wirklich wunderbar hier in Kleinmond, an der Südkapküste. Die frische Luft kommt *direkt vom Südpol* und das Meer hat einen herrlich würzigen Geruch. Da wir hier in einem Naturreservat leben, haben wir eine große Vielfalt an Pflanzen und Tieren, Vögeln und Fischen. Es könnte fast paradiesisch sein, wenn, ja wenn nur die Menschen nicht wären.

Die schaffen es leider, das, was Gott so wunderbar geschaffen hat, fast auszurotten. Es wird mehr als die erlaubte Quote Fisch, Langusten, Austern und Tintenfisch aus dem Meer geholt, Pinguine sterben an Ölverschmutzung, wenn große Tanker ein Leck haben. Und es landet viel Abfall im Meer; Plastik und Fischleine sind nicht nur für die Fische, sondern auch für die Seevögel lebensgefährlich.

Kleinmond, zwischen zwei Lagunen gelegen, hat einen weiten Sandstrand mit bewachsenen Dünen. Am Rande der Lagunen leben wilde Pferde, Flamingos und Pelikane. Alle werden immer wieder durch Feldbrände, die durch Nachlässigkeit entstehen, wie zum Beispiel weggeworfene Zigarettenstummel oder Glasscherben, bedroht. Aber leider kommt auch immer wieder Brandstiftung vor.

Mülleimer und Papierkörbe sind an vielen Stellen angebracht, aber oft findet man Plastiktüten voller Abfall irgendwo unter einem Busch. Vor allem dort, wo Menschen ihr Nachtlager machen. Ja, leider haben wir auch sogenannte *Bosslapers* (Buschschläfer) unter uns. Das sind meist Alkoholiker, Arbeitsscheue oder Drogensüchtige. In Deutschland nennt man sie Penner oder Obdachlose. Sie sind ein Kapitel für sich und oft, menschlich gesprochen, nicht mehr rehabilitierbar, sitzen den lieben langen Tag vor den *Bottle Stores* (Geschäfte, in denen man Alkohol kaufen kann) herum und betteln so lange, bis sie genug Geld zusammenhaben, um sich die nächste Flasche mit irgendeinem billigen Fusel kaufen können.

Bewahrung der Schöpfung?!

Mitglieder des Naturschutzvereins haben mit viel Mühe und Kosten an dem Küstenwanderweg entlang Schilder aufgestellt, die detailliert über Flora und Fauna der Umgebung informieren. Pflanzen werden bildlich dargestellt und dazu wird genau erklärt, in welcher Jahreszeit sie blühen. Vögel und Tiere, die hier beheimatet sind, sind abgebildet und in mehreren Sprachen werden ihre Namen erklärt. Die reinste Freude für Natur- und Tierliebhaber und besonders auch für Touristen interessant. Nun passiert es immer wieder, dass Vandalen die Schilder zerstören oder mit Graffiti verunzieren. »Warum?«, fragt man sich. »Und wie schade!«, denkt man unwillkürlich.

Gibt es wirklich Menschen, die bewusst Schönes zerstören? Das ist doch irgendwie krank, oder? Mich macht es wütend, wenn ich so eine Schmiererei sehe. Dass es Graffitischmierer in den Großstädten und auch im zivilisierten Deutschland gibt, ist bekannt. Aber hier, in unserem ruhigen, abgelegenen Kleinod Kleinmond? Da hätte man so etwas nicht erwartet.

Was würde Jesus wohl tun?

Ich frage mich, wie so oft am Tag und in so vielen Situationen: Was hätte Jesus getan? Hätte er etwas gesagt? Oder hätte er einfach in den Sand geschrieben? Wie wäre er mit den Buschschläfern umgegangen?

Ich kenne einen jungen Mann, der mit den Armen zusammen oft auf den Felsen steht und angelt. Wenn er einen Fisch gefangen hat, brät er ihn gleich dort an Ort und Stelle über den Kohlen und gibt den Leuten davon zu essen. So bekommen sie zumindest etwas Gesundes in den Magen. Denn viele verkaufen den Fisch, den sie gefangen haben, und dann geht es gleich wieder zum *Bottle Store.*

In Jesu Augen sind diese Menschen kostbar, genauso wie Sie und ich.

Menschliche Kleinode, auch in Kleinmond, für die Jesus gestorben ist!

Selig sind die Dankbaren …

Dankbar, ich bin so dankbar! Das waren die letzten Worte meines geliebten Schwiegervaters, kurz bevor er mit 98 Jahren friedlich heimging. Opa Mauritz war sein ganzes Leben lang dankbar, einer von diesen strahlenden Christen, von denen es viel mehr geben sollte. Von der Sorte, die andere Menschen zu Jesus hinziehen. Einer, der Frucht trug, der Gottes Wort nicht nur kannte und immer weiter bis ins hohe Alter studierte, sondern der es *auslebte*. Wie dankbar bin ich, dass Gott mir so einen Schwiegervater geschenkt hat. Sein Vorbild lebt weiter, über seinen Tod hinaus, und seine Gebete haben uns, als seine Kinder, getragen. Und auch die liebe Oma, die mit 92 Jahren kurz nach dem Opa heimging, war so ein dankbarer Mensch. Auch ich, als Schwiegertochter, habe diesen beiden, die mir wie eigene Eltern waren, so viel zu verdanken!

So viel Grund zur Dankbarkeit

Dankbar bin ich auch für viele Dinge, die manchen Menschen, vor allem in Europa, vielleicht selbstverständlich erscheinen: ein Dach über dem Kopf, das nicht leckt; jeden Tag mehr als genug zu essen; Gesundheit; Schaffenskraft; nette Nachbarn; eine lebendige Gemeinde; echte Freunde und wunderbare Kinder. Na, von den Enkeln erst gar nicht zu reden. Die sind ja ein Kapitel für sich!

Dankbar bin ich Gott für meinen treuen, fleißigen Mann, den er ganz speziell für mich ausgewählt hat. Wir sind völlig unterschiedlich und ergänzen uns gerade deshalb so gut. Aber es geht bei uns natürlich auch nicht immer so friedlich zu: manchmal fliegen die Fetzen. Trotz aller Unterschiedlichkeit in Herkunft, Kultur, Sprache und zu Anfang unserer Ehe auch Glauben lieben wir uns und haben uns nun schon vierundvierzig Jahre lange gegenseitig geschliffen, ertragen, getragen, bewundert, kritisiert, verletzt, verbunden, sechs Kinder miteinander großgezogen und sind mit diesen Kindern so oft umgezogen, dass wir überall Freunde haben.

Ist das nicht auch ein Grund zur Dankbarkeit?

Danke für …

… *Bewahrung*: Und vor wie vielen Unfällen uns der Herr bereits bewahrt hat, werden wir sicher erst einmal erfahren, wenn wir eines Tages ganz bei ihm sind. Bei einigen erlebten Autounfällen hat er uns wunderbar bewahrt, bei Operationen hindurchgetragen, die Kinder fast alle mal irgendwann kurz vor dem Ertrinken auf wunderbare Art und Weise errettet.

… *Vorbilder und Nachkommen*: Er hat uns die gläubigen Eltern, Robbies Eltern, so viele Jahre erhalten. Er hat es uns ermöglicht, allen Kindern eine gute Schulausbildung mit Sportmöglichkeiten und Musikunterricht zu geben und allen sogar ein Studium oder mehrere ermöglicht. Wir haben fünf liebe Schwiegerkinder zu unseren Kindern hinzubekommen und bis jetzt zehn gesunde Enkelkinder. Sogar Zwillinge, die ich mir immer so gewünscht hatte, bekamen wir als Enkel geschenkt! Die Enkelkinder untereinander haben sich auch herzlich lieb, obwohl sie verschiedene Sprachen sprechen.

Alle Kinder haben Arbeit, eine schöne Wohnung, gute Freunde und interessante Hobbys.

Die meisten lieben Jesus und folgen ihm nach. Wir alle verstehen uns gut mit- und untereinander und besuchen uns gegenseitig so oft wie möglich. Drei unserer Kinder leben in Südafrika mit ihren Familien, die anderen drei in Europa. Dafür sind wir auch dankbar, dass nicht noch welche nach Australien oder Kanada, Neuseeland oder Südamerika ausgewandert sind.

Das alles ist nicht selbstverständlich, vor allem nicht bei so einer großen Familie. Wir sind nun insgesamt bereits 23 Personen. Da gelingt es uns leider nicht mehr so oft, alle gemeinsam die Weihnachtsferien zu verbringen oder uns zumindest einmal im Jahr alle gleichzeitig zu treffen. Aber zumindest die meisten, zum Beispiel zum 70. Geburtstag meines Mannes in diesem Jahr.

... Feste: Familienfeste haben wir viele gefeiert, ständig hat jemand Geburtstag, wir haben wunderbare Erinnerungen an fünf Hochzeiten, auch goldene und silberne Hochzeiten. Die Geburten der Kinder und Enkel waren gewiss die Höhepunkte unseres Familienlebens.

... technische Möglichkeiten: Dankbar sind wir für Telefon- und Internetverbindungen, Skype-Mög-

lichkeit und sogar Facebook. Man kann das alles sinnvoll anwenden, um die Familienverbindung zu halten und zu stärken.

... das gemeinsame Gebet: Dankbar sind mein Mann und ich dafür, dass wir gemeinsam beten können, speziell auch für unsere Kinder und Enkel. Das ist so ein großes Vorrecht. Ich weiß nicht, ob wir das eigentlich immer richtig schätzen. Und wir segnen unsre Kinder. Als sie noch bei uns im Haus lebten, habe ich sie morgens, bevor sie sich auf den Weg zur Schule machten, gesegnet. Wir haben viel miteinander gesungen, Bibel gelesen und gebetet. Jeden Tag. Das haben wir bei den Großeltern gelernt und so gaben wir es an unsere Kinder weiter. Und sie lesen und beten wieder mit ihren Kindern.

Von Generation zu Generation will der Herr uns, unsere Kinder und Kindeskinder segnen. Wer wollte da nicht dankbar sein?

Neulich las ich auf einem Kalenderblatt: *Selig sind die Dankbaren, denn sie werden die Fülle haben.* Und das kann ich nur bestätigen!

Denn wir haben hier keine bleibende Stadt …

Letzten Donnerstag hatten wir Besuch von unserer Schwiegertochter mit ihren beiden Kleinen. Ich wollte gerade mit ihr gemeinsam zum Einkaufen fahren, als ein Bekannter kam. *Schlechte Zeit*, dachte ich, ließ dann aber meine Schwiegertochter, die es eilig hatte, alleine fahren und bewirtete unseren unerwarteten Gast. Mein Mann, der einen Spaziergang mit unserem dreijährigen Enkel gemacht hatte, kam gerade rechtzeitig zum Tee zurück und wir drei Erwachsenen hatten ein gutes geistliches Gespräch, während der Kleine die Kekse futterte und dann fröhlich mit den Legosteinen spielte. Inzwischen kam seine Mama mit der kleinen Babyschwester auch zurück und unser Gast hatte Freude an den beiden Kindern.

Wie wenig wir eigentlich voneinander wissen, dachte ich. Eins war klar, er liebte Jesus über alles und kam sonntags zu den Gottesdiensten und oft zur Gebetsstunde unter der Woche. Da er offensichtlich alleinstehend war, hatten wir ihn schon mehrmals zum

Essen eingeladen. An besagtem Donnerstag kam er eigentlich, um sich von uns zu verabschieden. Er habe Arbeit in einer Stadt weit weg von hier bekommen, erklärte er, allerdings erst ab September. Bis dahin werde er nun, ab morgen, im Nachbarort bei Bekannten unterkommen, denn er müsse sein Zimmer hier in Kleinmond räumen. Er wolle auch nicht zu lange bleiben, weil er noch zu packen hatte. Wir begleiteten ihn bis zu seinem Auto, einem ziemlich alten Toyota, beteten noch kurz mit ihm und schickten ihn mit Gottes Segen und einem Glas Marmelade auf den Weg. Wir winkten, gingen zurück ins Haus und widmeten uns wieder unseren Kindern und Enkeln.

Abschied für immer

Am Montag traf mein Mann den Vermieter unseres Bekannten. Er wartete bereits auf dessen Eintreffen, da er noch Sachen in seinem Zimmer hatte, die er abholen wollte. Wir machten uns nicht weiter Gedanken darum, hatten so viel anderes zu tun. Dann bekamen wir einen Anruf von Freunden aus der Gemeinde. Die Polizei hatte ihnen gerade mitgeteilt, dass unser Bekannter am Montagmorgen tödlich verunglückt war!

Gestern fanden wir den Unfallbericht mit Fotos in der Zeitung. Ein überholendes Auto war frontal mit ihm zusammengestoßen. Wir lasen in der Zeitung, dass er 63 Jahre alt und wo sein ursprünglicher Wohnsitz gewesen war.

Wir dachten, wir würden unseren Freund kennen. Er war doch mehr als ein Bekannter, oder? Er war unser Bruder in Christus! Aber eigentlich wussten wir nur sehr wenig von ihm, seinen Lebensumständen, seiner Vorgeschichte. Doch wir sind so froh, dass er unseren Weg gekreuzt hat und wir ein paar sehr gute und bleibende Erinnerungen an ihn haben. Und wir wissen, dass wir ihn bei Jesus wiedersehen werden. Denn wir haben ja hier keine bleibende Stadt, sondern die zukünftige suchen wir.

Malcolms Unfall und plötzlicher Tod haben uns wieder daran erinnert, dass wir in Wirklichkeit nur vorübergehend hier sind, Wanderer auf dem Weg ins Vaterhaus. Er ist bereits angekommen, wir wandern noch ein Stückchen weiter, solange Jesus für uns hier noch etwas zu tun hat.

Statt eines Nachworts

Über 40 Jahre in Südafrika und noch immer deutsch?

Ja, seit gut 40 Jahren lebe ich in Südafrika und spreche fließend Afrikaans und Englisch. Ich denke, bete, träume und dichte in Afrikaans oder Englisch ebenso wie in Deutsch und spiele Scrabble in Afrikaans besser als in Deutsch. So sagen zumindest meine Kinder. Aber immer noch bin ich tief drinnen deutsch und werde es sicher auch für den Rest meines Lebens bleiben. Eigenartig dabei ist, dass ich mich in Südafrika viel *deutscher* fühle als in Deutschland. Ist das normal? Ich würde gerne wissen, ob es anderen im Ausland lebenden Deutschen auch so geht. Man sagt sicher nicht umsonst, dass die Auslandsdeutschen die besten Deutschen sind.

Essen, Musik und Bücher

Eigentlich koche ich schon seit Jahren nicht mehr deutsch, das kommt auf die Dauer viel zu teuer. Aber so ein richtig echtes knackiges deutsches Brötchen zum Frühstück mit Sauerkirschmarmelade ist für mich der Inbegriff von Herrlichkeit, wenn ich in Deutschland zu Besuch bin. Und wenn ich an *Ritter Sport Marzipan Schokolade* denke oder gar an *Mon Chéries*, dann wird mir ganz anders. In Deutschland fühle ich mich immer gleich wieder ganz heimisch bei meiner Tochter, die, als geborene Südafrikanerin, mit einem deutschen Mann verheiratet ist und seit sechzehn Jahren im schönen Waldhessen wohnt.

Ihr geht es ähnlich, wenn sie uns in Südafrika besucht. Dann genießt sie *Biltong (luftgetrocknetes rohes Fleisch), Bobotie* (ein Malayergericht), selbst gemachte Feigenmarmelade und *Blatjang* (Chutney). Wenn ich mit meiner Tochter und ihren Kindern in Deutschland einkaufen gehe, freue ich mich darüber, dass die Kleinen über die Theke ein Stück Wurst auf die Hand bekommen (das wäre in Südafrika undenkbar!) oder ihre Mama ihnen ein Mettbrötchen kauft, um sie zu beschäftigen. Meine Tochter stürzt sich hier bei uns immer mit Heißhunger auf die Früchte, vor allem die tropischen. Unsre Enkelinnen genießen besonders die frischen Feigen, die der Opa ihnen pflückt.

Nun, es dreht sich schließlich nicht alles ums Essen. Wir lieben Musik, meine Schwiegertochter und ich, spielen verschiedene Instrumente und singen viel, auch nach Noten. Da gab es eine große Umstellung von der deutschen Notenschrift auf die englische. Aber daran gewöhnt man sich mit der Zeit. Meine deutsche Schwiegertochter hat sogar schon einige Musikexamen in Englisch abgelegt, damit sie als Musiklehrerin hierzulande voll anerkannt wird. Das habe ich nie gemacht, aber Musikunterricht habe ich trotzdem mein Leben lang gegeben.

Nichts geht mir natürlich auch über ein gutes deutsches Buch. Da meine Tochter in ihrer Gemeinde für den Büchertisch verantwortlich ist, bin ich da ziemlich auf dem Laufenden und habe jedes Mal deutsche Bücher, christliche Zeitschriften und CDs im Koffer, von denen ich dann bis zum nächsten Deutschlandbesuch zehre. Und wenn die neuste Ausgabe der Zeitschrift »LebensLauf« nach langer Reise hier ankommt, ist das immer ein Grund zur Freude!

Deutsche Sprache – schwere Sprache?

Wenn ich in Deutschland zu Besuch bin, und das war seit 1995 fast jedes Jahr der Fall, dann freue ich mich immer, dass ich nun endlich wieder so richtig deutsch sein kann: Deutsch fühlen, denken, beten, sprechen … Aber, Moment mal, wer lacht denn da?

Habe ich mich gerade wieder sehr komisch ausgedrückt und ein Wort selbst gebastelt, das es im Deutschen gar nicht gibt? Alle grinsen mich an. Sie versichern mir, dass sie verstehen, was ich meine! Aber ihr Telefon habe eben keine *Antwortmaschine*, sondern einen Anrufbeantworter. Und das Auto hat eine Klimaanlage, keine *Luftregelung*, wie ich es direkt aus dem Afrikaansen fröhlich ins Deutsche übersetzt habe …

Der Rhein ist kein *Rivier*, sondern ein Strom oder Fluss und dass Enkel und *Kleinkinder* nicht dasselbe sind, habe ich inzwischen auch gelernt. Nun ja. Ich staune auch nicht mehr über eingedeutschte Wörter wie Service, Notebook, Sale und Office, die einfach aus dem Englischen übernommen worden sind, und versuche die wunderschönen Anbetungslieder, die ursprünglich in englischer Sprache komponiert wurden, mit deutschem Text zu singen – auch wenn es mir irgendwie gegen den Strich geht. Kurzum, ich versuche, mich an das Deutschland des 21. Jahrhunderts anzupassen, und denke oft: Das war alles früher, als ich noch hier lebte, ganz anders. Die Zeit bleibt eben hier genauso wenig wie in Südafrika stehen. Glücklicherweise ist dort längst nicht mehr alles so wie vor 45 Jahren, als ich zum ersten Mal als Besucherin dort war. *Dort oder hier?* Das kommt auf meinen augenblicklichen Standpunkt an.

Zu Hause?

Letztes Jahr war ich aus verschiedenen Gründen vier Monate in Deutschland. Das war mir fast zu lange. Ich habe mir vorgenommen, dass ich das nicht wieder mache. Nein, nicht, weil ich meinem Schwiegersohn das nicht nochmals antun möchte. Er erträgt die manchmal allgegenwärtige Schwiegermutter mit großer Geduld. Aber es entsteht dann in mir eine Sehnsucht nach Südafrika, nach all meinen Lieben dort, nach dem Land, in dem ich seit über 40 Jahren so glücklich bin, nach meinem lieben Mann natürlich, nach meinem Heim, meinen Nachbarn und Freunden und besonders nach unserer Gemeinde. Ja, und auch nach der Sonne und dem Ozean und den Bergen. Wenn ich dann nach einem längeren Deutschlandaufenthalt wieder in Kapstadt lande und die afrikanische Luft tief in meine Lungen einatme, dann weiß ich ohne allen Zweifel, wo ich hingehöre. Und wenn mich dann so viele dunkle Gesichter freundlich begrüßen und ich die ersten afrikaansen Worte höre, dann weiß ich, dass ich zu Hause angekommen bin!

Hier in Südafrika bin ich eine Immigrantin und als solche darf ich zwar hier arbeiten, Geld verdienen und Steuern bezahlen, aber nicht an den Wahlen teilnehmen.

Mein Pass ist vielleicht doch noch das Deutscheste an mir. Aber da ist ein Stempel drin, der besagt, dass ich *permanent resident* hier in Südafrika bin. Zumindest lebenslang. Und dann fällt mir das Wort in Hebräer ein, das mir so aus dem Herzen gesprochen ist: »Denn wir haben hier keine bleibende Stadt, sondern die zukünftige suchen wir« (Lutherübersetzung).

Da kann ich nur *Ja und Amen* sagen, denn genauso ist es.

Anmerkungen

1 Atonale Musik: Musik, deren Harmonik und Melodik nicht auf einen Grundton fixiert ist – im Gegensatz zur Dur-Moll-Tonalität.
2 Basso ostinato: In der Barockmusik diente die Bass-Stimme als Fundament, auf dem die Oberstimmen aufbauten.
3 Musikalische Technik, die zur atonalen Musik gehört; für viele gleichbedeutend mit unanhörbar »schräger« Musik.
4 Deutscher Komponist und Professor (1928–2007)
5 *Blou Maandag* ist ein typisch Afrikaanser Ausdruck für einen turbulenten Start in die neue Woche; ein Tag, an dem vieles verkehrt läuft.
6 Auflistung von Stichworten mit der Angabe, wo sie in der Bibel vorkommen.